여성이 여성에게 임파워먼트를 말하다
- 여성리더 인터뷰집 -

여성이 여성에게 임파워먼트를 말하다

성공회대 실천여성학 엮음

김영선 정회진 강영화 김세연 이주영 이기원 박은영 지음

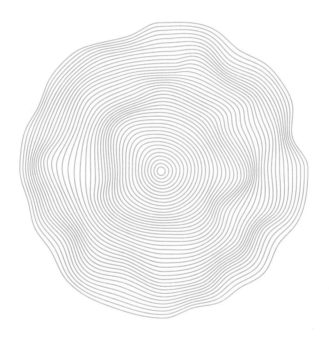

if books

차례

페미니스트 활동가의
오래된 미래를 위하여

김영선(성공회대 실천여성학 전공주임 교수)

한국 식민지기 역사적 가부장제의 지속과 단절에 대한 주제로 학위 논문을 썼다. 현재의 연구 관심은 지역 여성단체의 조직화 및 당대 활동가들의 삶을 구술사로 기록하고 페미니즘 관점에서 해석하는 것이다. 지난 2016년부터 성공회대 NGO대학원 실천여성학 전공에 머무르면서 강의자와 학습자 관계로 만나게 된 여성단체활동가들의 임파워먼트와 더불어 미래 비전에 대해서 고민하고 있다. 시민사회와 대학, 기업, 재단이 협력하여 함께 만든 실천여성학의 학제 모델 및 그 학문적·실천적 성과를 사회에 환류할 수 있는 방법을 탐색 중이다.

자기 학문과 운동의 역사를 기록하는 것,
임파워먼트의 시작

자기 운동의 역사, 자기 학문의 역사를 아는 것은 임파워먼트의 중요한 자원이다. 성공회대 시민평화대학원 실천여성학전공 개설 교과목 〈여성운동 역사와 쟁점〉 세미나 과제로 내가 제시한 물음 가운데에는 '여성사, 여성운동사, 여성단체사 쓰기 작업은 왜 필요한가' '자기 학문—여성학—의 역사를 아는 것은 왜 중요한가' 등이 있다.

한국 여성운동을 역사맥락화하면서 동시에 당대 페미니즘 이론과 실천을 둘러싼 쟁점을 제도, 운동, 담론의 관계성을 통해 살펴보는 이 수업의 초반부에서는 집단 기억과 기록, 역사를 둘러싼 재현의 젠더정치학에 대해서 중요하게 다룬다. 가부장적 질서에 균열을 내며 주체적으로 사회를 변화시켜온 여성들의 생생한 이야기를 다시 쓰는 것은 이들의 존재를 지우거나, 여성을 남성의 보완재로 기술하려는 남성 중심적 역사서술에 있어 그 자체가 페미니즘 실천이기 때문이다.

한국여성운동과 페미니스트 활동가의 역사 계보는 어디에서 시작될까? 최초의 근대여성권리선언문인 여권통문女權通文●이 여러 신문 지상에 발표된 것은 1898년이다. 서울 북촌의 김소사와 이소사는 9월 1일자로 '여학교설시통문女學校設始通文'을 작성해 300~400명의 여성 지지자들을 모집하였다. 19세기 말 대한제국 시기, 이 여성 선각자들은 여성의 권리와 지위에 대해 급진적인 물음을 던지며 조선 사회의 가부장성을 폭로하고 여성의 직업권, 정치권, 교육권을 쟁취하기 위한 운동을 전개했다.

자신과는 다른 삶을 살게 하겠다는, 즉 '딸들에게 희망을' 주기 위해 추진되었던 그녀들의 국립여학교 설치 프로젝트는 조선 최초의 여성운동단체 '찬양회'가 조직되면서 보다 구체화되었다. 한국의 여성운동과 여성교육의 시작점으로서 기억되는 《여권통문》의 인권선언에는 여성의 존엄에 대한 근대적 자각과 더불어 젠더불평등에 대한 변혁적 의지, 뜨거운 연대의 이야기가 담겨 있다. 그로부터 120여 년 후, 당대의 '신'여성들이었던 김소사와 이소사의 후예들인 우리 시대 페미니스트 활동가들은 자신들이 선 자리에서 끊임없이 여성과 소수자의 목소리를 듣고, 또 외치면서 역사와 현실을 변화시켜왔다.

1990년대 이래 여성운동단체들은 시민사회 비정부기구NGOs의 행위자로서 제도적으로 정부와 분리된 조직으로 자치적, 자발적 성격

● '여권통문'이라 불리는 근대여성권리선언문이 황성신문, 독립신문, 제국신문 지상에 처음 실렸을 때는 '여학교설시통문'이었다. 독립신문 영문판에서는 'Female Education Society'로 번역되었다. 1970년대까지 여권통문은 '여권설시통문'으로 소개되었으나 1980년대 역사학자 박용옥이 이를 '여권통문'으로 번역하고 적극적으로 의미를 재해석했다. 윤정란, 〈한국근대여성운동의 역사적 기원지-'여권통문' 결의 장소 발굴〉, 《여성과 역사》, 통권 30호, 2019, 34쪽.

을 가진 시민들의 참여를 통해 국가의 문제해결, 인권 옹호 등의 다양한 역할을 지속적으로 확대해왔다. 여성NGO에 대한 정의와 범주의 스펙트럼은 다소 넓으나, 성평등 이슈를 단체의 핵심 이슈로 삼아 문제해결을 하고자 하는 자발적 임의조직으로서 정부기관 및 지방자치단체에 등록된 단체이자 여성 문제의 해결을 자기 조직의 주요 정체성으로 삼은 비영리 조직이라고 볼 수 있다.

1995년 베이징에서 성주류화 행동강령이 채택된 이후 젠더불평등 사회의 극복 및 성평등 패러다임이 도입되면서 여성NGO단체의 활동가들은 정부기관 및 지자체의 성인지 정책 수립과 운영, 평가 등 실제 참여 및 모니터링을 통해 성주류화의 제도화에 참여해왔다. 여성운동의 거버넌스 방식도 정부-국회-여성NGO 간의 협업적 '젠더거버넌스'를 통해 지속적이고 효과적인 성평등 의제의 실현을 추구하면서 동시에 여성운동의 새로운 조직화를 통해 일상에 배태되어 있는 가부장적 구조변화를 위한 다양한 활동을 현장에서 펼쳐 나가고 있다.

2015년 페미니즘 리부트 이후, 강남역 10번 출구 여성혐오 살인 사건, 서지현 검사의 8년 만의 성추행 피해 사실 폭로, 최영미 작가를 비롯한 문화예술체육계의 미투 운동, 급진주의 페미니즘을 위시한 분리주의와 혜화역 시위로 페미니즘 운동 내 갈등과 논쟁 촉발, 새로운 세대의 온-오프라인 집단 세력화 등의 현상이 일어났다. 여성운동의 역사 맥락에 새롭게 기입된 최근 한국 사회의 페미니즘

시대정신 속에서 여성들은 체계적인 여성학 학습에 관한 갈증과 열망이 높아졌고, 여성 개개인뿐 아니라 사회적으로도 이에 관한 요구가 높아졌기에 여성활동가들의 임파워먼트에 대한 새로운 시각과 접근을 요구한다.

한때 '힘 갖추기'로 번역되기도 했던 임파워먼트는 사회적·구조적 변화를 추동해나가기 위해 요구되는 페미니즘의 기획·실천과 관련하여 중요하게 대두된 개념의 하나이다. 현재 한국의 담론 지형에서 임파워먼트 개념은 '권한부여, 역량강화, 세력화' 등과 같은 용어로 혼용됨과 동시에 영역별로 다르게 번역되어 사용되고 있다.

임파워먼트 논의에 대한 분기점은 1995년 북경 세계여성회의에서 행동강령Beijing Platform for Action을 채택하면서부터이다. 젠더 관점에서의 임파워먼트 논의에는 몰성적gender-blindness으로 사용되는 임파워먼트에 대한 비판 및 여성 개인 차원의 임파워먼트, 여성을 둘러싼 사회구조적 변화를 만들어내는 통합적 내용의 여성주의적 임파워먼트 접근 등이 있다.

장필화·김효정·마정윤은 여성주의 임파워먼트의 주요 개념으로 행위성, 세력화, 의식화를 제안하며, 임파워먼트의 결과이자 과정으로 역동적으로 일어나는 위 세 요소들의 상호 연관성을 이해하기 위해서는 무엇보다 여성 임파워먼트에 대한 통합적 접근이 필요하다고 보았다. 즉, 불평등 사회구조 및 일상의 젠더폭력 문화를 넘어서기 위해서는 개인의 역량강화로 드러나는 행위성과 더불어 집단

적 세력화가 필요하며 이 과정에서 여성주의 의식화의 확대가 요구됨을 강조했다.[●]

그러므로 가부장적 사회의 구조 변혁까지 도달하려는 여성 임파워먼트를 위해서는 개인적, 집단적, 구조적 차원의 역량이 상호연결되어야 하며, 여성과 소수자의 의식화 및 조직화에 있어 서로의 차이를 고려하면서도 그 누구도 배제되지 않고 네트워킹할 수 있는 여성NGO활동가의 개인적·집합적 역량이 성평등 사회를 향한 관계맺음과 실천 과정에서 보다 중요하게 다루어질 필요가 있다.

앎과 삶을 잇는 지식공동체,
성공회대 실천여성학 사람들

이 책의 참여자들이 가진 공통분모는 자기 생애의 어느 시간대, 성공회대 실천여성학이라는 제도학문의 장소에서 공부와 활동을 병행하며 여성학을, 여성운동을, 이 땅의 여성으로 산다는 것을 둘러싼 복합적 의미에 대하여 페미니즘 이론과 현장의 이슈들을 연결하여 치열하게 성찰하고 언어화하려 애썼다는 점일 것이다.

실천여성학 전공과정은 2007년 한국여성단체연합(이하, 여연)이 여성활동가의 임파워먼트를 위해 한국여성재단(이하, 여성재단)에

● 　장필화·김효정·마정윤, 〈여성주의 임파워먼트를 위한 시론〉, 《여성학논집》, 32집 1호, 2015, 189~230쪽.

제안하여 ㈜유한킴벌리의 장학금 지원을 기반으로 '미래여성NGO 리더십' 1년 특별과정이 성공회대학교 NGO대학원(현, 시민평화대학원)에 설치되면서 시작되었다. 현재와 같이 2년의 석사학위과정으로 리더십 프로그램이 개편된 것은 2010년 4기생의 입학부터이다. 빠르게 변화하는 시대에 대한 이해와 가치가 요구되는 운동 환경에서 정치, 경제, 사회, 문화 전반에 발생하는 복잡 다양한 담론을 해석하고 현장 활동에 이론을 접목할 수 있는 활동가의 전문적인 역량과 정책 능력 향상의 필요성이 현장으로부터 나왔다.

특히, 새로운 시대에 걸맞은 여성리더십 강화가 요청되었는데, 그 이유는 새로운 여성운동 이슈 및 세대의 등장, 운동방식의 변화에 대한 내·외부의 요구 등 변화하는 정세에 맞춰 다양한 세대와 젠더, 지역, 계층을 아우르고, 새로운 가치를 담지해낼 필요가 있었기 때문이다. 현실을 변화시키기 위해서는 새로운 사회에 대한 비전과 운동 의제를 제시할 수 있는 여성주의적 인식과 정책 능력 향상이 필요하다는 데에 뜻을 함께한 여성재단과 여연, 유한킴벌리, 성공회대학은 이러한 비전과 미션에 부합하는 미래여성NGO리더십 장학사업 및 실천여성학 교과과정의 운영을 위하여 다자간 협력과 긴밀한 소통을 2021년 현재, 15년째 이어왔다.●

이 책의 토대가 된 인터뷰 프로젝트는 유한킴벌리의 지원을 받아

● 김영선, 〈사람을 키우는 재단으로〉, 《여성의 미래를 펀딩하다》, 이프북스, 2020, 140~148쪽.

수행된 《실천여성학 역량강화 조사연구 보고서》(2020)의 일환으로 수행되었다. 미래여성NGO리더십 장학과정의 사회적 효과를 살펴보기 위해 실천여성학 전공에서 공부한 경험이 연구참여자 개개인과 소속 단체, 사회적 차원에서 어떠한 임파워먼트를 만들어냈는지 살펴보고자 했다. 이를 위해 성공회대 실천여성학 전공 재학생 13기 10명이 본 과정을 졸업 및 수료한 선배 활동가를 현장에서 직접 만나 그들의 일-공부 및 운동 실천 경험에 대해 심층면접을 한 뒤, 연구 팀을 구성하여 생산된 녹취록을 기반으로 임파워먼트 사례를 유형화하고 분석했다.

초기 인터뷰 준비 과정에서 면담자들은 자신의 현재와 미래 전망을 연결하는 특정한 질문과 궁금증이 있었으며, 세 가지 주제, 즉 실천여성학 과정에서의 공부 경험, 일-공부 병행의 경험, 경력 이동 과정 및 그 이후의 일 경험을 중심으로 질문을 구성했다. 이에 기초하여 각자가 스스로 인터뷰이를 선정하고 녹취록을 정리하였다.

첫 번째 공통 질문은 실천여성학 공부 경험이 현재의 활동에 어떤 영향을 미치는지, 두 번째는 특정 공간 안에서의 공부 경험 이후에 여성운동 과정에서 경력 이동이라는 선택을 왜, 어떻게 하게 되었는지에 대한 것이었다. 단체 내에서 직위 이동을 하거나 경력 이동 후 각자의 새로운 공공 또는 교육 영역에서 직무를 수행하며 어떤 새로운 임파워먼트를 이루며 리더십을 발휘하고 있는지에 대한 다양한 모델과 더불어 자신의 삶과 운동의 병행 경험과 그 지속 가능성이 세 번째 공통 질문의 핵심 내용이었다.

인터뷰는 임파워먼트의 구체적 내용 및 사회적 환류 과정을 당사자의 생생한 이야기로 기록하고 아울러 이것이 그들의 생애 과정에서 어떠한 의미로 작동했는지 살펴본 공동의 작업이었다. 실천여성학의 선배인 연구참여자들과 당시 재학생인 면담자들이 인터뷰를 매개로 서로의 경험과 역사를 공유함으로써 이 조사의 수행 과정 자체가 실천여성학 네트워크의 확장인 동시에 재학생 임파워먼트가 되기도 했다. 서로 다른 시대적 맥락과 조건에서 공부했고, 하고 있는 후배 연구자들이 선배 연구자들을 만나 질문하고 답하는 관계 맺음의 과정은 바로 경험과 지식이 만나는 지점이면서 자기 운동과 자기 학문의 역사에 대한 진지한 상호 탐색이라는 점에서 의미를 갖는다.

이 책에 수록된 여성활동가들의 다층적 경험들은 개개인의 삶, 소속 여성단체, 나아가 정부기관Government Organization, GO, 여성운동, 정치계 및 연구·교육 영역에 이르기까지 스펙트럼이 다채롭고 넓다.

이들의 임파워먼트 이야기는 크게 세 가지 유형으로 범주화될 수 있다.

첫 번째 유형은 졸업 후 여성단체에서 자신의 경력을 키워나간 사례다. 이주영이 인터뷰한 김민문정, 강영화가 인터뷰한 허오영숙, 김세연이 인터뷰한 조진경의 인터뷰가 여기에 포함된다.

두 번째 유형은 정회진이 쓴 김영남의 인터뷰로 공공 및 연구·교육 영역으로 이동한 사례다.

세 번째 유형은 제도 정치의 영역으로 이동하여 현재 의회 의원으로 재직 중인 정치인의 사례다. 이기원이 인터뷰한 정유선, 박은영이 인터뷰한 조선희, 이기원과 박은영 두 사람이 함께한 나정숙 의원의 인터뷰가 이에 속한다.

실천여성학 과정 참여자의 개인적 임파워먼트는 결과적으로 여성주의 인식에 기초한 언어와 정체성 획득, 여성단체활동을 지속시키는 힘으로 작용하여 여성단체에 기여한다는 점에서 대단히 중요한 의미를 갖는다. 공부 경험이 이론적으로 새로운 지식에 대한 갈증을 해소함과 더불어 자신의 현장 활동 경험을 언어화하고 여성주의자로 의식화함으로써 현장에서의 소진 등 부정적 영향도 긍정적으로 변화시키는 힘의 원동력이 되었음을 인터뷰를 통해 생생히 확인할 수 있었다. 즉 연구참여자들의 개인적 임파워먼트는 개인의 성장뿐 아니라 여성운동의 지속성을 높이는 힘과 조직의 성장에 기여했음이 드러났다.

또한, '리더십'에 관해서는 리더십 개념 자체의 추상적 인식을 넘어, 기존의 '리더십' 용어로 포착되지 않는 개개인의 집단 속, 조직 속에서 이미 다차원적인 리더십 추구가 이루어지고 있다는 점에 새롭게 주목할 필요가 있다. 인터뷰 내용을 읽어보면 '수평적인' 문화 추구, 민주적 반권위주의적 여성단체의 역동이 시·도 의회 등 조직에서 그대로 작동하지 않는 대신, 참여자들이 그 안에서 여러 방식으로 민주화, 권위주의 타파 등 기존 질서 변동에 기여하고 있는 점은 그 자체가 역량 발휘 즉, 임파워먼트의 결과라고 할 수 있다. 그러므로, 사실상 '리더십'이라는 말은 '임파워먼트'의 과정, 내용, 효과에 녹아들어 있는 것으로 해석하는 것이 새로운 시대의 요구에 더 적합한 질문이자 분석, 실천적 방법 모색이 아닐까. 인터뷰 참여자들은 개성을 반영하여 각각의 단체에 가장 절실하고 필요한 색깔과 모양의 다채로운 리더십을 이미 발휘하고 있었다. 이는 리더십이 한 가지 고정된 모양으로 존재하거나, 특정한 교과목을 만든다고 만들어지는 것이 아니라, 이 실천여성학 과정 전체를 관통하고 아우르면서 네트워크에서 서로, 이후에도 계속해서 만들어나가는 맥락 속에 역동적으로 존재하는 개념임을 의미한다.●

오래된 미래를 찾아 길 떠난
모든 페미니스트 활동가에게 감사를

이 인터뷰들에는 한국 여성운동의 역사를 정리하고 대중과의 적극적 소통을 위한 방법 모색의 치열한 고민이 전 과정에 녹아 있으며, 이 대화의 기록에는 활동가들이 자기의 운동에서 가장 중요하게 생각하는 요소 및 핵심 정체성이 들어 있다. 또한, 기존 역사에 새로운 기록 주체로 틈입하려는 인식을 명확히 하고 참여자들이

● 김영선 외, 《실천여성학 역량강화 조사연구 보고서》, 성공회대 NGO대학원 실천여성학 전공, 2020, 77쪽.

'말하기'와 '듣기'를 했다는 점에 의의가 있다.

이 책은 이제, 한국 페미니스트 활동가 임파워먼트의 중요한 하나의 결실로 또 다른 차원에서 자신의 새로운 여정을 시작할 것이다. 이 책의 기획자로서 전체 과정에 함께 하며 자기 학문의 역사, 자기 운동의 역사를 아는 것의 의미를 나 스스로가 조금 더 갱신할 수 있었다는 점에서 기쁘다.

현재의 코로나19 팬데믹 상황은 지역-국가-초국가 차원에서의 젠더불평등 구조를 심화시키고 있으며, 여성운동계가 지속적으로 문제제기해온 여성혐오 담론과 젠더폭력, 노동과 돌봄, 안전과 건강 등의 여러 상황을 더욱 악화시키고 있다. 활동가들은 이러한 변화의 한가운데에서, 젠더 문제의 복잡성을 잘 이해하고 새롭게 등장하는 배제와 차별의 이슈들을 보다 잘 다룰 수 있는 이론 및 실천 방법을 재구성해야 하는 시대적 도전에 직면하고 있다.

여성 임파워먼트를 위한 활동가 역량강화가 중요한 또 다른 이유는 특히 현재적 코로나19 팬데믹으로 인한 젠더불평등의 구조 변동과 밀접한 연관성이 있다. 코로나로 촉발된 내·외재적 충격에 여성 활동가들의 삶도 예외는 아닐 것이다. 개개인의 일상 차원에서 드러나고 있는 구조적 모순의 한가운데에서 지속가능한 삶과 활동을 위한 이들의 개별적·집합적 욕구를 이 시점에서 좀 더 섬세하게 들여다볼 필요가 있다. 그들이 각기 선 자기 현장에서 더 나은 활동을 가능케 할 조건 및 그 조건의 일부이자 핵심이기도 한 활동가 역량

강화를 위한 사회적 지원방안에 대한 구체적인 논의가 긴요하다.

이러한 점에서 지난 15년간 성공회대 실천여성학 전공 총 150명의 재학생에게 미래여성NGO리더십장학금 및 2017년 이래 실천여성학네트워크사업을 지속 지원해온 유한킴벌리에 깊은 감사를 드린다. 1999년 IMF 금융위기의 파고 속에서, 한국여성단체들의 어려운 상황을 타개하기 위한 선배 페미니스트들의 결단과 리더십에 의해 탄생한 여성재단이 여성운동의 미래를 위해 과감히 뿌린 성공적인 씨앗의 하나가 실천여성학 프로그램이라고 감히 생각해본다. 우리 시대 활동가들의 앎과 삶을 잇는 지식공동체의 중책을 실천여성학이 비록 흔들리면서도 끝내 놓치지 않을 수 있었던 데에는, 우리들의 이야기에 언제나 귀 기울여주고 마음 내어주신 실천여성학 전공 운영위원회 선생님들의 아낌없는 헌신과 격려, 그리고 성공회대학교의 지원 덕분일 것이다.

이 책이 나오기까지 가장 중요한 역할을 한 분들은 후배들의 인터뷰 요청에 흔쾌히 시간을 내어 목소리를 들려주신 인터뷰이들이다. 지면을 빌어 2019년과 2020년에 실천여성학전공의 학과 및 프로젝트 조교로 애정과 수고를 아끼지 않았던 한계영(판이), 박은영(나르샤)와《실천여성학 역량강화 조사연구 보고서》과제를 함께 수행했던 13기 서정희(여여), 김지혜(느티), 박예솔(솔), 민여준(코리)에게 고마움을 전한다. 저자들의 석사학위논문이 끝날 때까지 오랫동안 기다려 이 책을 완성해준 이프북스의 조박선영 편집장과 유숙열

18

대표의 노고에도 감사한다.

마지막으로, 우리 모두의 오래된 미래를 만들기 위한 페미니스트 활동가의 상상력과 성찰의 깊은 힘은 고통에 대한 예민한 감수성과 함께 하는 연대의 힘이다. 그것이 무엇인지 삶을 통해 알려주신 실천여성학의 모든 분께 인터뷰어들의 마음을 엮어 진심으로 감사를 전한다.

페미니스트는
어디에나 필요하다

Interviewer

정회진

딸을 낳고 다시 태어났다.

아이와 어른이 수평적 관계를 맺을 수 있다는 걸 배운 '공동육아와 공동
체교육'에서 '아라치'라는 이름으로 일하며 틈틈이 '피스모모' 평화교육
진행자로 활동한다. 실천여성학을 공부하며 '페미니스트 모녀 관계'를 인
터뷰해 '논문 쓴 여자'가 되었다. '아이들'과 '딸들'의 세상을 바꾸고 싶어
먼저 나부터 페미니스트로 살아가려고 한다.

◇◇◇◇◇◇◇◇

맨 처음 김영남을 인터뷰해야겠다고 생각한 건 경력 이동 때문이었다. 보통 시민단체나 여성단체활동가들은 쭉 한 지역 또는 하나의 운동 영역에서 활동하는 경우가 더 흔했다. 그 과정에서 경력과 전문성, 그리고 권력도 동시에 획득하는 것으로 보였다. 그런데 김영남은 달랐다. 대전에서 활동하다가 서울로 왔고 NGO 여성단체에서 활동하다가 협치지원관이 되었다. 어떤 고민이 있었을까, 어떤 과정을 겪었을까, 질문하고 싶었다. 꾸준히 한 지역이나 한 단체에서 활동했다면 갖게 될 권력을 버리는 과정일 수도 있었으리라 생각했다. 또 반대로 '관'에서 일하며 안정된 근무 환경을 선택한 것일 수도 있다고 생각했다. 그 단순하지 않은 이동의 경험이 궁금했다.

인터뷰를 마친 후 내가 품고 있던 어리석은 질문들에 웃음이 났다. 페미니스트가 위치한 곳이 어디든, 즉 여성운동 단체든 아동 인권단체든 행정조직이든 페미니스트로 존재할 수 있음을 확인받은 기분이었다. "어디에나 페미니스트가 필요하다"는 사실을 새삼 느끼게 되었다.

각자가 어느 위치에 있든 페미니스트로 살 수 있다. '페미니스트'

가 '여성단체활동가'만을 의미하지도 않는다. 페미니스트로 사는
데, 어떤 자격이나 조건을 갖추어야 하는 것도 아니었다.

페미니스트가 직업이야?

2년 전 열세 살인 아이에게 "엄마, 페미니스트가 직업이야?"라는
질문을 받은 적이 있다. 그 순간, 뒤통수를 맞은 기분이었다. 페미니
스트는 직업과 직장을 말하는 게 아니다. 삶의 지향이나 가치에 가
까웠다. 세상 곳곳에서 각자가 만들어가는 다양한 모습으로 살아가
는 페미니스트들의 모습과 연대가 그려지면서 그것을 지향하는 나
의 삶이 조금 더 괜찮은 것으로 다가왔다.

김영남이 자신의 삶과 활동을 통해 다양한 영역을 연결하고 확장
해가는 방식도 보게 되었다. 여성운동단체에서 시작해 여성운동의
분화 과정을 지원했고 또다시 그것을 연결하는 네트워크를 만들었
다. 풀뿌리단체 여성 활동을 통해 페미니즘이 주민들에게로 확산되
는 과정과 의미를 논문으로 썼다. 공부 후 서울에 와서 마을로 연결
되었다. 그리고 마을과 행정을 연결하는 '협치지원관'이 되었다. 그
과정에서 페미니스트가 필요함을 잊지 않고 있었고 거기에서 연결
성을 발견한 것이다.

나 역시 적지 않은 변화를 겪으며 위치를 이동해왔다. 새로운 일
에 쉽게 마음을 빼앗겼다. 새로움은 언제나 즐거웠고 에너지를 불

어넣어주었다. 그러나 마음 한구석, 나이는 들어가는데 이룬 것이 없다는 자괴감에 괴롭기도 했다. 인터뷰를 하는 과정에서 나의 경험과 과정이 더는 '단절'로만 인식되지 않았다. 나의 삶과 활동의 과정에서도 연결성을 찾을 수 있겠다는 생각을 하게 된 것은 너무나 큰 수확이자 위로였다.

또 하나 놀랐던 점은 행정조직으로 옮겨 일하고 있는데도 또다시 시민운동, 다른 행정조직 등 다양한 방향을 여전히 고민하고 있다는 점이었다. 그녀는 협치지원관으로 머무르는 것이 시민운동을 강화하는 데 기여하기보다 그저 '직장'이 되어버릴 수도 있음을 염두하고 있었다. 그래서 '활동가'로서의 정체성을 고민하고 있다고 했다. 시민운동과 행정의 결합, 협치나 거버넌스가 넓어지고 있지만 그것을 통해 궁극적으로는 여성운동을 포함한 시민운동이 강화되는 데 기여해야 함을 잊지 않고 있었다.

변화를 두려워하지 않는 용기를 배우다

김영남과의 만남을 통해 유연하게 자신을 위치 지을 수 있는 가능성을 발견한 것이 참으로 좋았다. 그리고 그 불안정함을 당연하게 받아들이는 용기가 부러웠다. 나 자신은 시민운동 영역에서 일하면서, 그리고 페미니스트로 살아가면서 안정을 바라는 것은 아닌가, 돌아보게 되었다.

시민운동은 지속적으로 사회에 문제를 제기하는 역할을 한다. 여성운동과 페미니즘은 단순히 여성의 권리를 되찾자는 운동이 아니다. 남성의 권력을 구조화한 가부장제를 부수어가는 운동이다.

여성의 눈으로 세상을 본다는 것은 다양한 차이가 공존할 수 있음과 사회를 구성하는 원리 자체가 변화함을 의미한다. 여성학자 정희진은 여성이 인식 주체가 되면 세상이 흔들리고 재구성된다(정희진, 《페미니즘의 도전》, 교양인, 2017)고 했다. 페미니즘을 삶의 중요한 가치로 생각하면서 안정적인 활동을 바라는 것은 어쩌면 앞뒤가 맞지 않는 일일 수도 있다는 생각이 들었다.

안정된다는 것은 어쩌면 권력을 쥐는 것이거나 단단한 구조 속에 들어가는 것일 수도 있다. 페미니즘은 구조화보다는 해체에 가깝다. 그 불안정함과 부유성(浮游性), 그리고 '권력 없음'이 현재 페미니즘의 중요하고도 고유한 힘이라는 생각이 든다. 이것을 잊지 말자고 다짐해본다.

그녀를 통해 자신의 위치 그러니까 지역이든 영역이든 바꿀 수 있는 유연함과 용기를 만났다. 그리고 스펙터클한 이동의 과정에서 연결성을 발견하였다. 나의 경험과 생애 과정에서도 연결성을 찾아보고 싶어졌다. 나 또한 내 삶의 과정에서 넓어지고 성장해왔다는 것을 재발견하였다. 다양한 곳에서 다양한 일을 하며 자신의 삶터에서 살아가는 한 명 한 명의 페미니스트들이 소중하다는 생각이 들었다. 페미니스트는 어디에나 필요하니까.

여성운동과 행정조직 사이에서
길을 찾아가다

행정&정책가 김영남

2004 ~ 2011	대전여민회 부장
2012	대전여성단체연합 사무처장
2013 ~ 2014	주거복지재단 팀장
2014 ~ 2015	서울시 마을공동체종합 지원센터 팀장
2016 ~ 2020	서울특별시청 서울협치담당관 협치지원관
2020 ~ 현재	대전광역시청 성인지정책 담당관 양성평등업무 전문요원

◇◇◇◇◇◇◇◇

Q 대전여민회에서 활동을 시작하셨어요. 그곳에서의 활동에 대해 이야기해주세요.

A 처음에, 저 들어갈 때 상근활동가가 10명 가까이 됐던 것 같아요. 그때가 2004년이었는데 성매매 방지법이 만들어지고, 상담소, 자활센터, 그리고 쉼터, 이런 것들이 지역마다 생길 때였어요. 대전 여민회에서도 성매매 여성들을 지원하는 법률, 심리 등을 지원하는 상담소를 개소할 시기였어요. 부설기관으로 상담소가 생겼고 사무국이 있고, 다른 활동들도 다 굉장히 활발할 때였어요.

제가 갔을 때는 시민사회가 많이 성장하는 시기였던 것 같아요. 그전까지는 활동비는 제대로 못 받고 그냥 활동하는 개념이었거든요. 오히려 제가 다른 데서 경제적인 벌이는 해결하고, 여기서는 반 상근으로 활동하고, 그런 식으로 꾸려가던 시기였죠. 그때부터는 시민운동도 일반적인 노동 관점에서 보고 최저임금이라든지 그런 부분을 실질화시키는 과정이었어요.

한 번에 두 명을 뽑았어요. 그만큼 할 일이 많았던 거죠. 회원들의 활동, 시민사회단체의 활동이 많이 성장하고 확장되는 시기였고,

성매매 관련법 등이 제도화되는 시기였어요. 풀뿌리운동도 활발하고, 지방자치시대니까 지역에서 여성의 정치 참여 이슈도 있었고요. 내부에서는 조직이 커지니까 한 단체가 이렇게 모든 걸 다 하는 것이 운동의 대중화나 확장 측면에서 적절한 전략인가, 생각했어요. 그러다 보니 내부에서는 어느 정도 인큐베이팅이 끝나면 분화하는 것을 많이 고민했고, 한마디로 대전여민회는 운동이 분화되어가던 시기였어요.

Q 사회생활을 여성주의활동, 혹은 시민단체활동으로 시작하게 된 과정을 이야기해주세요.

A 학교 다닐 때 총여학생회 활동을 하면서 여성운동을 조금씩 해왔어요. 그러나 '여성운동을 해야지'라고 생각하거나, 구체적으로 전망을 잡지는 않았어요. 그때 알게 된 선배가 '대전여민회'라는 단체의 상근자로 일하면서, 같이 해보자는 제안을 하셔서 활동하게 되었어요. 대전여민회에서, 대전에 있는 총여학생회나 총학생회에 있는 여학생들 모임을 했고, '차세대여성캠프'라는 프로그램도 매년 했어요. 그 캠프에 가서 다른 학교 여학생들도 만나고 그런 인연들이 있었어요. 졸업 후에 제안을 받고 2004년 12월부터 상근 활동을 시작하게 됐어요.
2004년부터 2012년도까지 8~9년 정도 활동을 했어요.

Q 여성운동을 선택한 이유가 있으실 것 같은데요?

A 사회 초년생이었고 여성운동을 배우고 싶었어요. 여성들이 겪는 사회적 어려움이나 우리 사회에서 여성들의 위치, 이런 것들에 대해서 많이 배우고 싶었고 중요한 역할을 하고 싶었어요. 그런 것을 배워가는 게 참 소중했던 것 같아요.

Q 긴 시간 대전여민회에서 일하다가 성공회대학교에서 실천여성학 공부를 하셨어요. 어떤 계기로 공부를 결심하셨어요? 오랫동안 활동하다가 대전에서 서울로 공부하러 가자는 결정이 쉽지는 않았을 것 같아서요.

A 총여학생회 활동했던 게 제 경험의 전부였어요. 그것만으로는 제가 시민운동이나 여성운동에 많은 기여를 할 수는 없었을 거예요. 처음으로 사회운동을 시작하는 활동가여서 배우는 과정에서 '여성운동가로 살아야겠다'라는 생각을 갖게 되었고, 그게 대학원에 가게 되는 계기가 되었어요.

제가 대학원에 갈 때까지는, 지역에서 대전여민회가 여러 가지 일들을 많이 했어요. 다양한 풀뿌리조직을 만드는 활동부터, 여성의 정치 참여까지. 성매매 여성들을 지원하는 활동, 평화와 관련된 활동, 이런 활동도 쭉 해왔어요. 그래서 2005년도부터는 분화 논의가 되고 2011~2012년까지 각각의 단체들로 독립이 되거든요.

다 독립하고 대전여민회에는 한부모 여성을 지원하는 활동, 성평
등 교육 정도의 활동만 남았어요.

그때가 20대였어요. 그 나이에 제가 얼마나 많은 경험을 했겠어
요? 그런데 이 과정에서 다양한 여성들과 만나면서 여성들이 주
체화되는 과정들, 여성들이 어떻게 임파워먼트 되고 이 운동의 주
체로 성장하는가, 이런 거에 대한 관심을 갖게 됐어요. 그 과정에
서 대학원에 가게 됐죠. 좀 더 성장을 해야겠다, 대학원에 가서 좀
더 공부를 해야겠다, 하고요. 여성들이 더 주체화될 수 있고 자기
운동의 주체로 거듭나게 하는 거에 대해서 공부를 해야겠다는 생
각이 들었어요. 때마침 실천여성학이 있었고요. 논문도 대전여민
회 사례로 풀뿌리여성운동에 대해서 썼어요.

 공부하면서 활동도 하신 거잖아요. 어떠셨나요?

 대전에서 왔다 갔다 하면서 일하고 공부하는 게 힘들었어요. 갔다
오면 숙제가 있는데 단체활동도 해야 하니까, 병행하는 게 어려웠
어요. 그러다 보니 이렇게 해서는 다니는 게 큰 의미가 없겠다, 하
나에 좀 더 집중해야겠다고 생각했어요. 두 학기는 병행하면서 다
녔고 두 학기는 집중해서 다닌 건데, 집중하면 집중하는 만큼 도
움이 돼요. 그때는 활동을 쉴 수 있는 여건이었으니까. 그런데 활
동을 쉬지 못한다면 어려운 일인 것 같아요. 논문 쓰는 것도 어려
웠고요. (웃음)

Q 휴직하고 서울 가서 공부하는 부분에 대해 단체 동료들의 반응은 어땠나요?

A 단체에서 많이 양해해 주셨어요. 그때는 대전여민회가 여러 가지 활동을 많이 하다가, 내부에서 인큐베이팅이 일어난 분야는 새로운 조직으로 분화되는 시기였어요. 사무국이 처음에는 굉장히 크고 일도 많고 사람도 많았다가, 사무국이 조금 정리가 되고, 활동가들도 각각의 자기 분야로 흩어지는 과정이었어요.

단체에서는 활동가를 위한 '투자'라는 그런 개념이 있었던 것 같아요. 활동가들의 역량강화를 위해서 배려를 많이 해주셨고요. 휴직이라든지, 이런 것도요. 조직의 변화 시기였기 때문에요…. 일할 사람이 저 혼자였으면 어려웠을 거예요.

Q 졸업 후에는 바로 복귀를 하셨어요?

A 제가 대학원을 졸업할 때쯤, 대전지역 여성운동의 이슈는 분화된 조직들의 네트워크와 연대였어요. 그래서 제가 대전여민회 휴직을 하고 대학원을 다니고 나서, 돌아가 다시 하려던 것이 '대전여성단체연합(이하 '대전여연')'을 만들어서 활동하는 거였어요. 지금도 대전여연 활동은 이어지고 있죠. 2012년도에 창립을 했어요. 그러니까 저는 대전여민회는 나왔고, 아니, 나왔다기보다는 대전여민회에서 대전지역 연대운동에 대한 고민을 하면서 대전여연

사무처 일을 하게 되었어요. 공간을 같이 썼고, 그 활동을 한 거죠.

Q 단체에서 활동하다가 공부하면서 조금 더 큰 네트워크 활동으로 복귀를 하신 거네요. 공부하다가 다시 복귀하고 이런 과정들은 원활하게 잘 이루어졌나요?

A 네. 복귀하는 과정에서 어려움은 없었고, 때마침 제가 하고 싶은 대로 될 수 있었어요. 그래서 원활하게 했죠. 그런 점에 대해서 감사한 부분도 많고, 좋았어요. 그런데 제가 대전을 떠나오게 되어서 지역에는 죄송한 마음이 크죠.

Q 대전여연이라는 연대 조직을 만들어가는 활동을 하시면서 어떤 점이 어려우셨어요?

A 이 얘기는 그 동안 한 번도 안 했는데…. 첫 번째로는 분화된 조직들이 각각 다 어려운 거예요. 이제 막 분화되어 활동하기 시작하니까 힘에 부치는 거죠. 그러니 또 한편으로는 대전여민회도 어려운 거예요. 대전지역에서 활동하는 여성단체가, 전에는 대전여민회와 대전 여성 장애인 단체 두 개 정도였다면, 이제 활동하는 단체들이 일곱 곳이 된 거거든요. 그 일곱 곳이 모여서 연대하고 공통의 목소리를 내고, 여성운동의 네트워크를 통해서 여성운동의 세력화를 해야 하는데, 제가 그 역할에 너무 부족하다는 생각이

많이 들었어요. 제가 가서 한 6개월 정도 활동을 했거든요. 물론 그 6개월이 짧은 기간이어서 그런 걸 제가 판단하기는 참 어렵지만, 상황이 굉장히 어렵다, 각각이 생존하기에 너무 어렵다는 생각을 하게 됐어요.

Q 그 어려움은 구체적으로 어떤 어려움인가요? 재정적인 어려움인가요?

A 그런 것도 있고요. 각각의 기관들이 자리 잡고 유지하고 운영하는 것조차 너무 바쁘고 힘드니까 연대가 안 되는 거예요. 그때 결의한 내용 중에, 각각 분담금을 내서 제 급여를 만들기로 했거든요. 그런데 그 분담금을 제가 받기가 너무 부담스러운 거예요. 왜냐하면 그 분담금을 내기 위해서 그 기관에서 부담해야 하는 게 많으니까. 그분들이 내색하진 않았어요. 그냥 제가 부담스러운 거예요. 지금 이 시기가 대전여연에 상근자를 두고 그 한 명을 먹여 살릴 정도로 각각 상태가 괜찮은 건가? 각자 자기 단체 먹고살기도 바쁜데, 대전여연까지 꾸릴 수 있는 상황인가? 첫 번째로는 그런 생각이 있었어요.

두 번째는 연대활동을 시작하면서 초반에 대전여연으로 오는 이슈들이 되게 많았어요. 사실 어떤 이슈도 다 연대할 사안이에요. 예전에 대전여민회에 다 모여 있을 때는 그냥 대전여민회로 다 와요. 그러면 대전여민회에서 커버가 가능했어요. 왜냐하면 다 모여 있으니까. 그런데 이제는 대전여연으로 연대 사안이 다 오는데 이 각각의 주체들은 다 나뉘어져 있고 혼자서 이걸 다 커버할 수도 없고, 그런 어려움들이 있었던 것 같아요. 저 혼자 결정할 수 없으니까 각각의 대표들이 모여서 결정을 해줘야 해요.

그런데 대표들이 참 모이기가 어려운 거예요. 그러니까 여성인권센터로 가면 되는데 이게 여기로 와서 다 같이 모여서 결정하고 이런 구조들이 오히려 우리의 효율성을 떨어뜨리는 게 아닐까, 그런 고민들을 했던 것 같아요.

그래서 지금은 각자 먹고살고, 각자 자기 단체를 자립적으로 꾸릴 수 있고, 그다음에 각 단체들의 고유한 역량들이 성장했을 때 연대도 가능한 게 아닐까? 그런 고민들을 제가 하다 보니까 지금 이렇게 상근자를 두고 이 상근자 월급을 만들어내기에 급급하고, 또 그 상근자가 혼자 이 모든 걸 다 해야 하는 이 상황이, 이 연대운동이 어떤 걸 위한 걸까, 서로를 너무 힘들게 하는 거 아닐까 이런 생각들을 했어요.

그런데 이런 고민들을 여러 단체들과 공론화해보지는 못했어요. 제가 그렇게 생각을 했었어요. 지금은 단체의 온전한 상근 사무처장을 두고 활동할 때가 아니라 각자가 자기 미션을 안정적으로 잘 운영하고 그다음에… 지역에서 각자 자리 잡으려면 몇 년 걸릴 것 같고, 그게 잘 서야만 연대에도 품을 낼 수 있고 더 잘 될 수 있을 거다, 이런 생각이 들었어요. 연대하려면 적절한 상황, 시점이 되어야 할 것 같다, 자기 운동의 안정화가 더 필요한 거 아닐까, 라는 생각을 했던 것 같아요.

 혼자 그런 고민을 하셨으면 외롭기도 하고 괴로웠을 것 같아요.

 그렇기도 하고 많이 죄송하기도 했죠. 제가 더 역할을 해야 하고 잘해야 하는 건 맞는데, 그런 환경적인 것에 대해서 저는 그렇게 판단을 했는데, 그렇다고 해서 제가 그걸 터놓고 고민을 이야기할 수가 없는 거예요. 다들 자기 문제로 바쁘니까. 그래서 그 해에 제가 처음 처장이 됐을 때, 이제 대전여연 새로 생겼으니까 대전시와 이야기를 해서 여성주간에 일반 시민들과 여성주간을 기념하자 그래서, 여성주간에 성평등 시민 걷기 대회 행사를 여러 단체들이 같이 했어요. 그래서 그거까지 한번 해보자 했고, 그러면서 서로 힘을 주고 힘을 받고 이런 시간도 있었어요.

그게 2012년도였어요. 그 과정이 하나의 계기가 된 것 같아요. 예전에는 기획, 실무도 나눠서 같이 했던 것들을 이제 대전여연이 혼자서 해야 하는 거예요. 그리고 저는 혼자잖아요. 성평등 주간, 여성평등 행사를 하면서, 행사의 사이즈는 예전보다 더 커졌는데 오히려 더 하기는 힘든 구조? 그런 것들이 있었던 것 같아서 아직은 때가 아니지 않나, 이렇게 생각하며 그만뒀던 것 같아요.

 활동하면서 가장 어려웠던 시기가 그때겠어요.

여러 어려웠던 시기들이 있었는데, 그때가 제일 어려웠던 것 같아요. 오히려 결정하고 나서는 이미 결정했으니까 저는 괜찮았는데 죄송했어요. 대학원 마치고 와서, 사람들의 기대도 있고. 어떻게 보면 제가 단체에서 추천을 받았으니까 장학금도 받은 거잖아요. 좀 더 많이 기여하고, 지역에서 활동을 많이 했어야 하는데 너무 죄송한 마음을 지금도 가지고 있어요.

사실 한 활동가가 지역에서 그 정도까지 성장하기가 쉽지는 않잖아요. 어떻게 보면 제가 역량이 높고 전문적이고, 여성운동이나 여성학도 더 많이 아는, 처음부터 그런 활동가였으면 모르겠는데, 저는 시민운동, 여성운동으로 처음 사회생활을 시작한 거니까 어떻게 보면 조직에서는 한 명의 활동가를 키우기 위해서 되게 많은 투자를 한 건데, 제가 더 폭넓고 활발하게 활동을 해야 할 때 그만두니까 그런 부분에서 죄송한 마음이 컸어요.

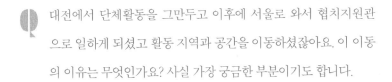

대전에서 단체활동을 그만두고 이후에 서울로 와서 협치지원관으로 일하게 되셨고 활동 지역과 공간을 이동하셨잖아요. 이 이동의 이유는 무엇인가요? 사실 가장 궁금한 부분이기도 합니다.

대전에서 서울로 지역을 옮기게 된 이유는 대전여연 사무처장을 그만두게 되면서였던 것 같아요. 8년이라는 시간을 대전여민회에서 활동했고 성장했는데, 지역에서 다른 단체 활동을 하는 게 저는 안 맞는다고 생각했어요. 그래서 다른 지역으로 가는 게 좋겠다고요. 제가 관심 가진 것이 꼭 여성단체에서만이 아니라 여성주의 가치를 대중적으로 확산을 하려면 다양한 영역과 결합해야 한다고 여긴 것이지요. 시민들 삶의 영역에 들어가야 한다는 생각을 했습니다.

논문으로 풀뿌리운동에 대해 쓴 것도 그런 이유였고요. 그렇게 일을 찾다 보니 서울로 가게 되었어요. 그리고 내가 할 수 있는 것을 찾다가 마을공동체와 연결이 되었어요. 그 뒤로는 주로 마을공동체, 마을기업 관련 활동을 지원해주는 기관에서 일했어요. 그리고 그 연장선으로 서울시 협치지원관이 됐어요. 서울시에서 협치 정책을 추진하게 된 배경 중에 하나가 서울의 마을공동체 지원 정책의 확장 측면이 있었거든요. 그렇게 자연스럽게 연결되었던 것 같아요.

Q 지역 내에서 다른 활동가들에게 미안해하는 마음은 이해해요. 그래도 저는 밖에서 보는 입장이니까. 지역을 넘어서 보게 돼요. 지역에서도 때로는 빈자리와 변화가 새로운 기운을 불러오기도 하고, 또 언제나 새로운 영역으로 뻗어가면서 확장하고 연결하는 분들은 필요하니까요.

그럼 새로운 관심은 어떤 부분이었나요?

A 저는 여성운동의 대중화? 이런 거에 관심이 있었어요. 여성운동의 다양한 주체들이 있잖아요. 그런데 지역사회 주체들과 여성운

동이 만나는 지점, 이런 것들을 통해 여성운동이 더 확산되어야 하고, 여성들이 평소에 자각하지 못했던 여성으로서의 자기 삶을 다시 한번 되돌아보고 여성주의로 재해석해보고 그러면서 일상에서의 여성운동이 실천되는 것들에 관심이 많았어요. 여성들이 주체가 되는 운동에 관심이 많았어요. 그래서 여성주의 풀뿌리운동에 대해서 주목했고 대전여민회가 오랫동안 했던 게 풀뿌리 여성운동이기 때문에 그와 관련해서 논문을 썼죠.

Q 어떻게 서울시 협치지원관으로 일하게 되셨어요?

A 곧바로 서울시 협치지원관으로 일하게 된 건 아니에요. 함께 일하는 재단, '서울시 마을공동체 종합지원센터'를 거쳐 기회가 닿아 서울시청으로 오게 됐어요.

Q NGO활동을 하다가 행정조직으로 이동하셨는데요. 비교해보면 어떻게 다른가요?

A NGO에서는 나랑 비슷한 사회인식이나 문제인식을 공유하잖아요. 그 안에서도 서로 차이는 있지만, 이 사회에 대해 나아갈 바, 지향하는 바는 유사한 집단이잖아요? 그런 사람들과 함께 이 사회를 바꿔갈 수 있는 비전을 같이 만들고 어렵지만 같이 실행해가는 과정이 NGO에서 일할 때의 가장 큰 장점이고, 내가 하고 싶은

활동을 할 수 있는 게 좋죠. 그리고 그 과정을 통해서 내가 성장할 수 있다는 것도 굉장히 중요하고요. 또 한 분야에서 오랫동안 활동을 하면, 자기 전문성을 높여갈 수 있고 느리지만 이 사회의 변화를 꿈꾸는 사람들을 만날 수 있고 이런 것들이 장점이고 보람이었던 것 같아요. NGO는 사회를 바꿔가는 운동을 하고 그 운동은 새로운 걸 만들어가는 거잖아요.

반면에 행정조직에서는 그런 것을 기대하기는 어려운 측면이 있어요. 거대한 행정조직의 경직성이나 법적인 절차나 기존 관료제의 한계가 있어요. 물론 그 법 테두리를 어떻게 해석하느냐에 따라서 다르지만, 기존 질서를 오랫동안 보수적으로 지켜온 집단 안에 제가 있는 거잖아요. 그리고 뭔가 여기서 새로운 시도를 하려면 굉장히 많은 난관을 뚫어야 하고, 특히나 의사결정의 주체가 층층시하로 위에 다 있기 때문에 그런 것들이 어렵고 한계가 있기는 하죠.

Q 어떤 어려움인지 구체적으로 더 들려주세요.

 답답한 게 많아요. 뭐 하나 새로운 일을 하려면 굉장히 많은 절차가 있고, 그 절차를 다 지키려면 시간이 너무 오래 걸리고 굉장히 어렵긴 해요.

새로운 사업을 설계할 때, 새로운 정책을 만들어야 할 때 한계를 제일 많이 느껴요. 기존에 하던 것들은 한번 만들어지면 특별한 이유가 없는 한 계속 가요. 그런데 새로운 걸 만든다고 하면, 그 정책을 만들어내기 위해서 굉장히 많은 절차와 예산 확보와 내부의 정책 설계, 이런 것들을 해야 해요. 그나마 지자체장이 하겠다고 하면 할 수 있어요. 그런데 그런 게 아니라, 아래로부터 민간에서 요구가 있어서 뭔가를 하는 경우에는 굉장히 많은 어려움을 겪죠. 그거를 굳이 왜 해야 하는지, 그게 일반 시민들이 봤을 때도 모두에게 혜택이 돌아가는 정책인지, 특히 저희는 협치를 하니까 협치 파트너인 시민사회 쪽을 많이 만나요.

예를 들어, 시민사회 공익활동가들에게 청년수당 준 것처럼, 공익 활동하는 청년들에게 수당을 일정 정도, 1년이든 2년이든 지원을 해주는 게 필요하지 않겠냐, 이런 제안이 있다면, 이거는 처음에는 절대 불가능한 거거든요. 너무 어려운 거예요. 시장님 공약도 아닌 그런 경우에는 법적인 것부터 되네, 안 되네 하고, 그걸 하면 시의회의 공격이라든지 내부의 예산 확보도 어렵고 어쨌든 행정이 예산편성을 해서 시의회에서 예산을 승인해주는 건데, 예산을 내부에 편성하고 이 정책을 만들고 방침을 받고 결재를 받고 이거부터가 굉장히 어려워요. 새로운 정책을 설계해야 할 때, 내부에 부딪혀야 하는 의사결정자들과의 토론, 그리고 우리 부서를 넘어서는 다른 부서-예산부서라든가, 조직부서라든가, 이렇게 소통해야 하는 과정, 여러 가지 검토의 과정이 있어요. 안 되는 걸 굉장히 많이 봐요. 지자체장의 중요한 공약과도 맞고 그러면서 잘 가면 좋은데, 그게 아닌 경우는 안 되는 경우가 많기 때문에 그런 경우에는 '내가 여기 있어야 하나?' 이런 생각도 많이 들죠.

뭔가 하나라도 새로운 게 생겨서, 지역사회라든가, 다른 협치의 주체들을 만들어내고 성장시키는 데 도움이 되면 좋을 텐데, 그거 하나하나 하는 게 되게 어렵다. 그런데 또 다른 한편에서는 그런 자원들을 여기가 갖고 있으니까, 그런 생각도 들고.

Q 지금 하는 서울시 협치지원관의 일에서는 어떤 보람을 느끼시나요?

A 서울시에서 어떤 정책을 세우면 자치구나, 자치구에 있는 민간과 행정에, 긍정이든 부정이든 어떤 영향을 미칠 수 있어요. 그 영향이 긍정적일 때는 보람을 많이 느끼지만, 부정적일 때는 어떻게 보완할 수 있을까, 고민하고 있어요.

어쨌든 서울 시민들의 삶을 지금보다 낫게 만들 수 있다는 측면에서 보람이 있는 것 같고요. 시민들의 세금을 가지고 이런 활동들을 하는 거기 때문에 서울시민들이 좀 더 자기 삶의 질을 높일 수 있는 주체로 성장해가고 그런 모습들을 옆에서 볼 수 있다는 거, 자기가 살고 있는 지역의 이슈를 자기들이 스스로 파악해내고 발굴하고 그걸 행정에 제안해서 그걸 행정이 정책화하고 거기에 시민의 세금이 들어가고, 그러면서 지역사회의 변화를 도모할 수 있는 일을 한다는 게 보람이 돼요.

NGO현장과 지금의 조직 사이에서 어떤 생각과 고민을 하세요?

어떤 때는 이런 생각도 들어요. 여기 있으면서 이런 중간지원조직이나 기관들이 많이 생기잖아요. 저처럼 '어공('어쩌다 공무원'의 줄임말)'들도 많이 늘어나고. 이런 자리에 사람들이 많이 들어오는데, 현장의 활동가들이 한 명 성장하는데 굉장히 시간이 많이드는 것 같아요. 저같이 사회활동이나 운동 경험이 없던 활동가가단체에서 활동을 시작하면 그 분야에서 한 10년은 있어야 자기 분야의 전문가가 될 거 같은데, 그런 활동가들이 이런 데 많이 들어오는 거죠.

그리고 현장에는 새로운 활동가들이 들어오지만 또 그 안에서 못버티고 나가는 경우도 많고. 중간 정도의 활동가들은 이런 영역으로 많이 들어오는데, 결국에는 이게 지자체장의 정책과 행정에 대한 시민참여가 강화될지는 몰라도, 현장에서는 어떤가? 시민사회활성화, 시민사회 역량을 키우고 시민사회를 더 활성화시키고 더폭넓게 만들고 그런 거에 얼마나 기여를 하고 있을까? 일반 주민들은 많이 등장했을 것 같아요. 일반 주민들은 내가 내 이웃과 두세 명이 모여서 활동하고 싶어서 참여해요. 나의 욕구로부터 출발하는 운동이 이 사회의 공공성을 넓혀가는 데 도움이 많이 됐죠. 이렇게 활동가의 등장과 성장에 도움이 됐지만, 이 사회를 바꿔나가는 거는 시민단체의 역할이 굉장히 큰데 그 현장은 강화되고 있을까, 이런 의문이 많이 드는 거예요.

결국 지자체장이 바뀌고 그 뒤에는 정책 기조들이 유지가 되지 않고, 다른 사람이 와서 정책의 변화가 있을 때 그동안 여기에서 활동했던 사람들이 결국에는 여기서 성장을 해서 현장으로 돌아갈 수 있을까, 이런 고민들을 요즘에 많이 하고 있어요. 현장에 있다가 정책 영역에 들어와서 행정 영역에서 키운 자기 역량들이 또다시 현장으로 가야 순환이 될 텐데, 이런 순환 구조가 지금 없잖아요? 그리고 개인으로 가는 경우가 많기 때문에 현장에는 어떤 것들이 남을까, 이 시민운동의 미래는? 저를 포함해서 중견 활동가들이 많이 빠져나오면서 현장에서 더 조직하고 시민들을 더 참여시키고 해야 하는 부분은 오히려 공백이 생긴 거 아닐까, 이런 걱정과 우려가 많이 되고, 저부터 어떻게 해야 할까, 이런 고민들이 들죠. 저도 여기서 있다가 나가면 어떤 활동을 해야 할까….

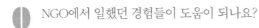

Q NGO에서 일했던 경험들이 도움이 되나요?

A 그럼요. 그 활동이 있었으니까 여기서 이 활동을 하는 거고, 연장선인 것 같아요. 대전에서 했던 여성운동, 단체활동도 그렇고, 논문 쓴 것도 그렇고. 대중적으로, 시민들이 의식화되고 더 사회적 주체로 성장할 수 있도록 하는, 여성운동도 마을기업도 이들을 주체화시켜나가고 사회적 주체로 성장시켜나가는 다양한 지원이나 이런 것들을 고민하면서 이 일을 하고 있거든요. 지역사회 주민들이 지역사회 문제에 대해서 직접 발굴하고 행정과 함께 협치 정책

으로 만들어가는 과정을 지원하는 역할을 하기 때문에, 어떻게 보면 비슷한 맥락에서 일하는 거죠.

Q 협치지원관 활동이 NGO활동과 유사한 점도 있나요, 어떤가요? 젠더 관련 이슈들도 있나요?

A 시민을 만난다는 점에서는 비슷해요. 다만, 단체(대전여민회)에 있을 때는 주로 여성이슈, 젠더이슈를 다루니까 사회 구조적인 문제에 문제제기하고 특히 여성 당사자들을 주로 만나고 그들과 함께했죠. 지금은 젠더이슈가 기본적으로는 제 활동의 기본 인식이고 바탕에 있지만, 주로 협치, 주민참여나 시민역량강화 같은 걸 다룬다는 점에서는 차이가 있어요.

처음에는 협치와 여성이슈를 함께 다루는 일을 하려고 여기에 들어왔거든요. 그런데 지금 그렇지는 않아요. 다만, 저희가 하는 사업들에는 지역의 대표들이 많이 참여하시거든요. 주민자치연합회, 주민자치위원회연합, 복지협의체의 대표 등이요. 그런데 가보면 남성들이 너무 많아요. 단체 자체에는 여성의 수가 훨씬 많은데 대표는 남성인 경우도 많아요. 요즘 많이 나아지기는 했는데 여전히 남성들이 대표성을 많이 가지고 있다는 생각이 들어요, 예를 들어 성인지 관점이라든가, 위원회를 구성하는 등 어떤 조직을 구성할 때 남성, 여성 비율을 많이 따지기 때문에 강조하는데도 불구하고, 토론회나 대표하는 자리에서 해당 분야의 전문가를 찾다 보면 다 남성으로 연결되는 거예요. 그럴 때 여성들을 더 일부러 찾기도 합니다. 서울시의 대표 협치 사업으로 젠더 거버넌스 사업이 있어요, 자치구별로요. 거기에 여러 풀뿌리 여성단체 네트워크들이 열심히 활동하세요. 서울시 대표 협치 사업 중 하나인데, 그런 의제를 만든다든지, 이런 걸 하려고 애쓰고 있어요.

Q 지역에서 활동하고 나서 그냥 그만두게 될 수도 있었는데, 지금까지 길을 잘 찾아오셨잖아요. 어떻게 가능하셨을까요?

A 대학원 다닌 게 큰 도움이 되었어요. 그런 경험을 통해서 '아, 내가 뭐든 도전해서 더 할 수 있겠다'는 생각을 했고 또 관련 활동을 계속 찾고 도전해볼 수 있었어요. 이후 활동 방향을 잡는 데 도움이 많이 됐어요. 또 실천여성학 하면서 만났던 분들도 저한테 힘을 많이 주셨어요. 실천여성학에서 만난 활동가들의 네트워크도 저한테는 큰 의미가 있었어요. 제가 공부를 하고 이론가가 된 건 아니지만, 학습하는 과정을 통해서 제 고민들을 더 구체화하고 그것이 활동의 자양분이 될 수 있었어요.
또 대전에서 같이 활동했던, 저를 지지하고 배려해줬던 많은 활동가들이 저한테는 큰 힘이 됐습니다. 개인적으로 되게 힘들 때였는데, 힘이 돼주었고 여성주의를 배울 수 있었어요.

활동가로 일하다 여성학을 공부하는 기회를 가졌는데, 이런 경험에 대해 어떻게 생각하시나요?

 장학금을 주고 여성활동가들이 공부할 수 있도록 지원해주는 일이 의미 있다고 생각해요. 이건 사람을 키우는 일이잖아요. 사람을 직접 지원하고 키우는 일만큼 중요하고 의미 있는 일이 없거든요. 단체들이 공모사업하느라 바쁘고 한데, 그러면 유지는 될지 모르지만, 굉장히 소진될 수밖에 없어요.

인건비를 유지해야 한다는 이유로 프로젝트를 계속 돌리면, 그 프로젝트를 통해서 이 사회가 변화되는 것보다 활동가나 조직이 소진돼요. 또 프로젝트가 없으면 살기 어려운, 자립이 어려운 악순환이 되기도 합니다. 그러다 보면, 그 단체가 원래 하고자 했던 고유한 목적의 활동을 유지하기가 굉장히 어려울 거예요. 보조금 신청하고 받아서 쓰고 보고하는 구조에 갇히면 그 단체가 목적한 활동을 하기 어렵기 때문에, 결국에는 사람을 키우는 부분에 훨씬 더 에너지와 자원을 써야 해요. 그런데 행정적으로는 그러기 어렵잖아요. 단기적인 교육, 몇 시간짜리 프로그램을 듣는다고 되는 것도 아니고요.

여성활동가들이 임금 같은 것이 안정화되어 있지 못하고 어려운데, 대학원에 다닐 수 있는 이런 제도가 굉장히 중요해요. 특히 미투 이후 여성이슈가 굉장히 많이 등장했잖아요. 서울시 교통공사 채용 과정에서도 여성을 누락시켜버리고, 그 이유가 여성휴게실

이 없어서 그랬다고 하고, 여성이 일하기 어려운 작업환경이라고 하면서 그렇게 한 거죠. 몇 가지 이슈가 드러났을 뿐이지, 설리의 죽음도 그렇고 드러나지 않은 이슈들은 훨씬 더 많을 거예요. 이런 다양한 이슈들을 문제제기하고 바꿔낼 수 있도록 하려면 여성주의활동가들의 역할이 앞으로 훨씬 더 많아질 거라는 생각이 들어요. 그렇기 때문에 이 교육의 기회가 더 중요한 것 같아요.

교육과정도, 여기서는 일방적으로 이론에 대한 교육을 받는 게 아니라 여성들이 자기 고민을 가지고 와서, 이 안에서 풀어내면서 자신의 이론과 현장의 고민을 사람들과 함께 토론해가지요. 이렇게 같이 만들어내는 여성주의 학습공동체가 굉장히 의미가 있고, 이 자체가 하나의 운동일 수도 있다는 생각이 들기도 해요. 이런 지원을 통해 배출된 많은 여성활동가들과 공통의 액션을 해보고 싶다는 생각을 해요.

Q 함께 공부했던 동기들과 여행도 다니고 여전히 가깝게 지내신다고 들었어요. 그런 관계가 도움이 되시죠? 어떠세요?

A 그럼요. 도움이 많이 됩니다. 정서적으로는 같이 경조사 챙기는 게 도움이 돼요. 상시적으로 연락할 수 있고, 끈끈한 동료애가 있으니 연락할 수 있는 네트워크가 되고 개인 상담도 가능하고…. (웃음) 또 1년에 한두 번 만날 때 자기 분야의 활동들을 공유하게 되니까 정보 얻기에도 도움이 되고 또 자문을 구할 수 있고 서로

의논도 할 수 있어서 도움이 돼요.

Q 지금 서울시청의 행정조직 안에서 여성활동가로서 어떤 고민을 하고 계신가요?

A 일단 관료제 사회에 적응하는 게 참 어려운데 어느 정도 한 것 같아요. 지금은 활동가로서의 자기 비전을 어떻게 세워야 할지에 대해 고민이 많습니다. 결국 제가 하고 싶은 분야는 '시민운동 강화'에 있거든요. 시민들이 역량을 더 키우고 현장을 강화하는 길을 찾고 싶어요. 이 위치에서 계속 있으면서 활동하는 게 의미가 있을까, 앞으로 내 비전을 무엇으로 삼아야 할까, 늘 생각하죠. 관료제의 한계나 정책의 변화, 이런 것들도 고려하게 되고요. 개인적으로는 지금까지 해왔던 활동을 계속해야 할까, 좀 더 새로운 어떤 걸 해야 할까, 앞으로의 10년을 어떻게 살아나갈까 늘 고심합니다. 그리고 여성주의활동가로서 앞으로 여성주의 실천을 어떻게 해나가야 할지도 고민되고요. 진로 고민은 계속할 것 같아요. 한곳에 머물러 있지 않고 계속 바뀌어가겠죠.

Q 또 다른 이동도 고려하고 있다는 뜻인가요?

A 네 맞습니다. 이게 임기도 있고요. 한편으로는 보람도 느끼지만 또 한편으로는 어렵고 한계도 많이 느껴요. 그래서 내가 여기에

계속 있으려면, 이 활동이 계속 의미가 있어야 하는데, 어떤 순간에는 약해질 때가 있어요. 내가 하려고 하는 사회운동적인 의미, 이런 것들을 여기서 찾기가 더는 어렵겠다는 생각이 들면 다른 활동을 해야죠. 그럼 나는 어떤 활동을 하는 게 좋을까 이런 고민들을 해요. 계속 머물러 있는 게 괜찮을까, 어떨까 하는….

개인으로 봐서는 여기가 그냥 직장인 거죠. 그런데 활동가로서의 내 정체성이나 포지션을 생각해요. 이런 일은 도입 시기에 어느 정도 역할을 했겠지만, 제가 아니어도 됩니다. 이제는 제도화가 됐고 일반 정책이 됐어요. 저는 또 새로운 일을 해야 하지 않을까, 이런 고민을 하고 있어요. 협치나 거버넌스가 더 좁아지진 않을 거예요. 행정의 혁신이나 시민참여는 더 확대될 거예요. 그러면 시민과 행정이 결합되는 지점과 자리의 활동가들은 있겠지만, 그것이 결국 시민단체, 시민운동을 더 활성화시키는 걸로 계속 가야 하잖아요. 그러려면 현장 영역에도 활동가들이 계속 자리를 잡고 역할을 해줘야 하잖아요. 그런 부분에서의 역할을 해야 하지 않을까 하는 고민도 계속하고 있어요.

대전여민회

평등과 평화, 소통과 연대의 가치를 공유하며, 성평등한 대안사회를 만들어가기 위해 활동하는 여성운동단체이다. 이를 위해 아래와 같이 활동한다.

성평등 문화 확산

성평등 문화 확산을 위한 강사 양성과 학습을 통하여 강사뱅크를 조직하고 지역아동센터, 초·중·고등학교, 노인복지관 등에 파견하여 생애주기별 교육을 한다. 이외에도 문화행사, 캠페인 등을 통해 우리 사회에 고착화된 성불평등 의식을 바로잡을 수 있도록 활동한다.

섹슈얼리티 운동 및 빈곤여성운동

반성폭력 운동, 반성차별 운동, 혐오표현 반대운동 등을 전개한다. 고용평등상담실을 운영하는 등의 여성노동운동, 한부모 가족모임 운영, 기본소득운동에 함께한다.

회원조직사업

회원을 위한 강좌, 소모임 조직, 시민 활동 참여 기회를 제공하여 조직력을 확대하고, 회원 만남 행사를 통해 회원과 직접 소통하고 교류의 장을 만들어 유대를 강화한다.
그 외 노동복지위원회, 홍보출판위원회, 재정위원회와 연대사업을 꾸려 운영하고 있다.

홈페이지 주소 http://www.tjwomen.or.kr

한국 이주여성운동의
산증인을 만나다

Interviewer

강영화

1971년 경남 진주 출생.
전형적인 가부장적 가정환경에서 자랐지만, 어릴 적 꿈꾸던 변호
사가 되어 성폭력, 성매매 피해 여성들에 대한 법률지원 업무를 담
당하고 있다. 여성인권 관련 업무를 지원하면서 변호사로 가슴 뛰는
삶을 살아가고 있다.

2019년 가을학기, 성공회대학교 실천여성학 3기 허오영숙 상임대표를 인터뷰하기 위해 서울 종로구 숭인동에 위치한 한국이주여성인권센터를 방문했다. 허오영숙 상임대표는 제주도 출생으로, 1990년 대학교 입학 후 참여하게 된 민주화운동을 시작으로 현재의 이주여성 인권운동까지 20년 넘게 여성운동 현장에서 좀 더 나은 여성들의 인권을 위해 자신의 땀과 열정을 쏟아부은 한국 여성운동 역사의 산증인이다.

인터뷰는 실천여성학이라는 학문이 여성운동가 개인의 리더십과 임파워먼트 향상에 구체적으로 어떤 도움을 주고 있는지를 실제 여성운동 현장에서 활동 중인 실천여성학 선배들의 진솔한 이야기를 통해 실천여성학을 비롯한 여성학 학문의 향후 방향을 재설계하는 연구활동 과정의 일환이었다.

허오영숙 대표의 첫인상은 작은 체구에서 뿜어나오는 강건한 이미지가 빈틈없어 보였고 좀 깐깐해보이기까지 하였다. 길지 않은 대화에서도 그녀는 여성주의 이론에 대한 해박한 지식을 드러냈고 무엇보다 자신이 몸담고 있는 단체가 지향하고 있는 일이 정확하게 무엇인지 알고 있었다. 자신의 분야에서 전문가가 되기 위하여 끊임없이 공부하는 열정적인 모습, 자신을 낮추는 겸손한 태도에 짧은 시간이지만 나는 압도당했다. 인문학 책이 자신의 무뎠던 감성을 깨트리고 잠자던 세포를 깨우게 한 도끼였다고 표현한 어느 작가의 말처럼 허오영숙 상임대표와의 만남은 여성운동에 대한 인식의 방향전환을 위해 울린 알람시계와 같았다.

허오영숙 상임대표의 여성운동의 발자취는 자신의 안위보다 여성들이 좀 더 안전하게, 좀 더 당당하게 한국 사회의 구성원으로 살아갈 수 있는 방법을 찾는 진지한 고민의 과정이었다. 제주도 여민회에서의 10년간의 활동, 안정적인 상황에서 스스로 매너리즘을 경계하고자 늦은 나이에 중단한 대학 과정을 다시 시작한 용기, 미래의 진로에 대한 진지한 고민에서 현장경험을 위해 선택한 필리핀 연수 프로그램 도전, 현장에서 자신의 부족함을 채우기 위해 또다시 시작한 대학원 실천여성학 공부, 사회학 박사과정 등.

모든 선택 하나하나에 깃든 허오영숙 상임대표만의 인생철학과 강단 있는 실천력을 오롯이 느낄 수 있었다. 분명 열악하고 힘든 환경임에도 희망적이었고, 자신감이 넘쳐 있었다.

이주여성인권 운동을 하는 이유를 묻는 질문에 허오영숙 상임대표는 주저함 없이 "이주여성을 차별하면 우리나라 여성도 외국에서 차별당하잖아요. 이주여성도 우리 사회의 구성원으로 살아갈 수 있는 날이 왔으면 좋겠어요"라고 담백하게 대답했다.

짧지만 간단명료한 그녀의 대답에 나는 순간 명치를 세게 맞은 느낌을 받았다. 왜 그랬는지 분명한 이유는 찾지 못했지만, 그때는 그랬다.

실제 허오영숙 상임대표에 대한 인터뷰는 실천여성학 전공과정이 여성단체활동가들의 리더십과 임파워먼트에 어떤 영향을 주는지에 대한 내용을 확인하는 작업이 목적인 과제였지만, 그녀가 풀어내는 여성운동의 경험담들은 그녀가 왜 한국이주여성단체의 준비된 리더이고, 여성운동의 산증인이라고 불리는지 알게 해주었다.

삶에 대한 본질적인 질문을 던지다

나의 무뎌진 여성학적 감수성과 오만함도 돌아볼 수 있었다.

허오영숙 상임대표와의 만남은 학창 시절, 어려운 사람을 도와주는 법조인이 되고 싶다는 너무나 순진한 꿈으로 시작된 나의 변호사로서의 삶의 자취들을 되돌아보게 했다.

무엇보다 성폭력 피해여성들과 성매매 여성들 등 사회적 약자들에 대한 법률지원을 하는 변호사로 나의 삶에 본질적인 질문을 던졌다. '나는 왜 이일을 하고 있는가?' 느리지만 시계 톱니바퀴처럼 쉬지 않고 지나온 변호사로서의 10년이라는 긴 시간 동안 진지하게 생각하지 않았고 놓치고 있었던 질문이었다. 변호사로 그들의 아픔을 지나칠 수 없어 법률지원을 하기 시작했고, 일을 하면서 자주 접하게 되는 여성학이라는 학문이 궁금하여 실천여성학을 공부하게 되었지만, 나는 단 한 번도 나에게 진지하게 왜 여성학을 공부하는지, 왜 성폭력 피해여성들에 대한 법률지원을 하는지 질문하지 않았고, 깊게 고민하지 않았다.

전형적인 가부장적인 경상도 가정에서 막내로 자라는 동안 의식하지 못한 나의 페미니즘이 결혼 생활을 통해 발아되었지만, 답답한 마음만 가득하고 해결방법을 알지 못해 허둥지둥하며 가슴앓이를 많이 했다. 여성학 공부를 하면서 내가 답답했던 근본적인 이유와 해결방법도 알 것 같았지만 실천에 옮기는 것이 두려웠던 나에게, 할 수 있다는 용기를 주었다.

그리고 성폭력 피해 여성들에 대한 법률지원을 하는 나의 일 역시, 나의 위치에서 내가 할 수 있는 실천적인 여성운동 중에 하나라는 사실을 알게 해주었다. 여성운동은 결코 무거운 주제가 아니었다. 성폭력 피해 여성들에 대한 법률지원 업무가 매번 보람 있는 일이라고 단언하지 못하지만, 감사하다는 인사를 받을 때, 상처를 극복하고 다시 일어서는 여성들을 볼 때 힘들었던 기억은 눈 녹듯이 사라지고 변호사로서 뿌듯했고, 가슴 한편은 따뜻했다.

짧지만 강렬한 만남

허오영숙 상임대표와의 만남은 짧았지만 강렬했고, 인상 깊었다. 그녀는 우리나라에 결혼과 같은 이유로 이주해온 여성들이 불행한 일을 겪다가 결국 자국으로 돌아간 통계자료가 전혀 없다는 사실에 안타까워했다. 그래서 통계 작업을 해보고 싶다는 포부를 밝힌바 있다. 그 후 그녀는 2020년 9월 아시아발전재단-한중문화학당 공동기획으로 〈한국에서 아시아를 찾다〉 주제로 통계로 본 한국이주여성의 현황과 실태의 '결혼이주여성 인권 실태 보고서'를 발표했다.

1990년대 초반부터 20년 넘게 여성인권운동에 매진해왔던 산증인인 허오영숙 상임대표의 지치지 않는 여성인권운동에 대한 열정이 존경스럽다. 허오영숙 상임대표의 바람대로, 우리나라에 이주한 외국여성들의 인권이 존중받는 대한민국을 기대하며 한국이주여성인권센터와 허오영숙 상임대표의 건강과 평안을 간절히 기도한다.

경계를 넘는 강건한 제주 여자,
여성 단체의 준비된 리더

NGO리더 허오영숙

1993 ~ 2002	제주여민회 활동가
2007	한국이주여성인권센터 합류
2009 ~ 2010	성공회대학교 실천여성학 전공
2016 ~ 2020	강릉원주대 다문화학과 겸임교수
2017 ~ 현재	현재 한국이주여성인권센터 대표

◇◇◇◇◇◇◇◇

Q 대표님이 본격적으로 여성운동을 시작한 계기는 무엇이었나요?

A 저는 1971년생 90학번이에요. 민주화운동의 열기가 남아 있던 마지막 세대이기도 하죠. 그리고 저는 제주에서 학교를 다녔어요. 소위 의식화 과정이 보통 서울에서는 5·18 광주민주화운동에 대해서 알게 되며 이루어질 테지만, 제주에서는 4·3 민주화 운동을 배우면서 이루어집니다.

제주도 4·3 사건이 발생했을 무렵, 제 고향 마을은 산 쪽이어서 토벌을 당했던 곳이라 동네에 제사가 똑같은 날인 집이 많았어요. 저는 이것을 어렸을 때부터 알았어요. 4·3에 대해 역사적으로 안 배우잖아요. 그런데 대학교에 들어가니 4·3 사건에 대해서 제대로 알고자 하는 운동들이 많아서 자연스럽게 학생운동에 합류하게 되었어요. 아마도 제가 2학년 무렵이었을 거예요.

소위 말하는 운동권 사회에서 성폭력을 경험하게 되었고, 그게 저한테 상당히 충격이었어요. 왜냐하면 스스로를 여성이라고 생각해보지 않았거든요. 그때의 운동 사회 문화가 약간 그랬어요. 성폭력 피해를 경험한 이후, 이제, 내가 아무것도 아닌 존재가 될 수 있다는 생각이 들었죠. 그래서 다시는 그 운동권 사회에서 그 남자들과 함께할 수 없었어요. 그런데 나는 운동을 해야겠고, 그래서 여성단체를 찾게 되었어요.

그때 대학교는 여러 가지 시대적 상황 때문에 학생들이 수업에 안 들어가는 경우가 많았어요. 이런 이유로 학교에서 학생들이 퇴학을 당하기도 했죠. 저도 퇴학 명단에 포함되어 있었어요. 저는 퇴학당하면서 여성단체활동을 빨리 시작하게 되었어요.

그런데 제가 그전에 학생운동을 할 때는 여성운동에 아무 관심이 없었기 때문에 여성운동에 대해 아무것도 몰랐어요. 그 경험이 저를 굉장히 많이 변화시켰고, 여성단체활동에 참여하도록 만들었어요. 처음에는 회원으로 가입해서 회원 활동부터 시작했어요.

Q 대표님은 1993년에서 2003년, 거의 10년 정도 제주 여민회에서 활동하셨는데요. 제주 여민회는 어떤 단체였나요?

A 여민회는 여성민우회 줄임말이 아니고 그냥 '여민회'예요. 여민회 회원으로 가입한 지 얼마 안 된 어느 날, 여민회에서 상근활동가가 필요했는데, 제가 마침 일이 없어 곧바로 여민회 상근활동가로 합류하게 되었어요. 좀 일찍 시작했죠. 스물세 살 때! 그때가 1993년 이때잖아요. 성폭력방지법이 1994년 제정이 되잖아요. 제가 여민회 활동을 할 무렵 성폭력방지법제정 운동이 전국적으로 일어났어요. 그다음에 1997년에는 가정폭력방지법제정 운동이 일어났고요. 그 과정에 저는 여민회와 같이 있었어요. 성폭력 방지 및

가정폭력 방지에 대한 법 제도화를 위해 전국적인 운동에 저희 여민회도 참여했고, 제주도에서 성폭력상담소를 처음으로 만들었어요. 그때 여민회에는 활동하는 사람이 없어서 제가 스물다섯 살때, 여민회 사무국장을 맡게 되었어요. 가정폭력상담소도 만들어져 여민회 조직이 점점 커져갔어요.

Q 대표님이 여민회 단체에서 활동하던 시기가 제주도 여성단체들의 기초가 마련될 무렵이었나요?

A 네, 지금은 상담소들이 제주여성인권연대로 분화되었지만, 제가 여민회에서 사무국장으로 있을 때에는 여성단체 설립에 대한 논의를 시작하던 때였어요.

Q 제주 여민회에서 기억에 남는 사건이 있었나요?

A 네, 제주 여민회에서 10년 일했어요. 그때 제일 큰 사건은 도지사 성추행 사건이었어요, 그때 제가 사무국장이었고요. 검찰조사도 받고 물론 상담소 소장이 별도로 있어서 소장님이 피해자 지원을 했고, 저는 사무국장으로서 언론 대응을 했어요. 지금 생각해도 그때 작성한 성명서는 아주 명문으로 잘 썼던 것 같아요.

제주도에서 활동하다 어떻게 서울에 올라오게 되었나요?

제가 여민회에서 10년 정도 일을 하고 나니, 서른두 살 서른세 살 이 되었어요. 그런데 약간 위기 같은 그런 것이 있었어요.

성폭력 상담소에서 위기감을 느끼셨다고요?

아뇨, 제주 여민회에 있으면서요. 10년 정도 제주 여민회 한곳에 서 활동을 하다 보니 매너리즘에 빠졌고 나는 아직 젊은데 그래도 이제 이런 방법으로 하는 것은 아닌 것 같다. 뭔가 '턴이 좀 필요할 것 같다'라는 느낌을 받았어요. 그래서 조직에 얘기했고, 1년 정도 논의를 거쳐 그만두게 되었어요.

제가 너무 오래했고 혼자 상근활동가로 출발했는데 그때쯤에 상 담소가 생기면서 조직이 굉장히 커져 있었어요. 그래서 저는 그만 두는 준비 작업을 1년 정도 하고 그만뒀어요.

서울로 와서 20대 때 못했던 공부를 좀 해보자는 계획으로, 성공 회대 학부에 입학하게 되었어요. 지금도 있는지 모르겠는데, 제가 입학할 때 성공회대학교에는 수능을 보지 않고 민주화운동이나 NGO활동가들이 면접만으로 입학할 수 있는 입학 전형이 있었어 요. 그래서 저는 서른두 살에 수능을 보지 않고 성공회대에서 03학 번으로 시작하게 되었어요.

2003년도에 성공회대에 입학을 하셨는데 기억나는 동기들이 있나요?

A 네, 그때 만난 언니들이 원풍모방, 청계 민주노조, 남양나일론… 정말 쟁쟁한 1970년대 노조운동들, 동일방직 일명 '똥물사건' 언니도 있었고, 그런 언니들과 같이 성공회대에 다녔어요.
그 언니들이랑 같이 생활하면서 굉장히 많은 것을 배웠어요. 역사책에서만 봤던 1970년대 여성노동운동에 대해 굉장히 많이 알게 됐고, 지금도 그 언니들이랑 모임을 하고 있어요. 공부는 제가 돈이 없었기 때문에 정말 열심히 했어요. 장학금 받으려고요. 그래서 성적도 굉장히 좋았어요.

Q 대학교에 다닐 때 경제적 문제는 어떻게 해결하셨는지요?

A 학비는 거의 다 장학금으로 해결했어요. 외부 장학금도 받았고요. 대학교 재학 시절 경제적으로 힘들었지만, 4년 동안 저는 학교에만 나가고 좀 쉬면서 공부 열심히 하려고 했어요. 아르바이트는 딱 하나! 그때 여연에서 호주제 폐지 운동을 했어요. 호주제 폐지운동 과정을 백서로 만드는데 아르바이트로 참여했어요, 여연 활동가들의 일이 너무 많으니까 제가 백서 실무 작업에 참여하게 된 거예요. 여연에서 아르바이트비 받는 거 외 다른 아르바이트는 하지 않고 공부에 집중했어요.

Q 제주도 부모님들은 대표님이 서울로 가서 공부하는 부분에 대해 반대는 없으셨나요?

A 서울로 옮긴다니까 부모님들이 약간 걱정하셨지만 크게 반대하지는 않으셨어요. 30대가 되어서는 부모님이 저의 선택에 대하여 크게 반대하거나 그런 것은 없었어요.

Q 성공회대학교 사회학부를 졸업하고 바로 실천여성학을 전공하신 건가요? 졸업 후에는 어떤 일을 하셨는지도 궁금해요.

A 성공회대학교 학부를 4년 다닌 것은 제 인생의 터닝포인트로 삼기 위해서 선택한 것이기 때문에, 대학생 시기는 제가 앞으로 어떻게 살 것인가 하는 고민도 함께 하는 시기였어요. 그래서 대학교 다니는 동안 제가 살아온 길을 되돌아보게 되었는데, 저한테는 과거 여성단체활동가로 살았던 것이 제일 맞는 것 같았어요. 그래서 일단 여성단체활동가로 살기로 정했어요. 그런데 어느 현장에서 활동할 것인지에 대한 부분에서 다시 고민이 되었어요.
'다시 제주도로 내려갈까?' 여러 가지 고민을 하다가 그때 눈에 보였던 것이 '이주와 평화 이슈'였어요. 평화운동에 대해 관심이 많았지만 평화는 구체적인 현장이 잘 보이지 않았어요. 그래서 이주와 평화 두 가지를 놓고 고민을 많이 했어요.

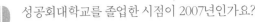

Q 성공회대학교를 졸업한 시점이 2007년인가요?

A 네, 고민하는 과정에서 나중에 이주노동자들의 문제에 대해 알았죠. 이주노동자들 농성도 많이 있어 농성장에 쫓아다니기도 하고 그랬는데, 알고 보니 그때가 이주노동자들의 고용허가제 도입 시기였더라고요. 그래서 이주 쪽으로 가야 되겠다 생각했어요.

그런데 제가 학생운동 시절 성폭력 경험 때문인지 모르겠지만 저는 남자들이랑 함께 일을 못하겠더라고요. 그래서 이주여성운동 하는 곳을 찾았는데, 한국이주여성인권센터밖에 없더라고요. 그래서 저는 성공회대학교를 졸업하면 '여기로 와야지' 생각했어요. 그리고 이주 쪽에서 일하려고 하면 이주 현장을 보는 것이 좋겠더라고요. 그래서 성공회대학교 사회학부 4학년 2학기 때 학교에 있는 해외 인턴십 프로그램으로 필리핀에 갔어요. 필리핀에서 1년 정도 있었어요. 학기 끝나면 돌아와야 하는데 말이죠.

Q 인턴프로그램으로 참여한 필리핀 조직은 한국이랑 연계된 조직인가요? 요즘의 코이카와 유사한가요?

A 네, 한국의 단체와 연계된 곳이었어요. 코이카와 같은 조직은 아니고 NGO단체였어요. NGO단체 쪽으로 지금은 거의 활동을 안 하는데, 그때는 아시아 NGO센터라고 시민사회에서 필리핀에 센터를 만들어놓은 것이 있었어요. 그곳에 연수 프로그램을 신청해

서 가게 됐어요. 예정된 필리핀 연수 기간은 5개월 정도였지만, 한국으로 돌아오려고 하니까 조금 더 있는 것이 좋겠더라고요. 그래서 체류 기간을 조금 더 연장하여 졸업 시점인 2006년 연말을 필리핀에서 보내고 2007년 여름에 한국에 돌아왔어요.

필리핀에 1년 정도 있으면서 연수 끝나고 나머지 기간은 거기에서 한국으로 오려고 하는 이주노동자들에게 한국어를 가르치기도 하고, 성 출국 현장을 조금 경험했어요. 1년 정도 되니까 자연스럽게 이제 한국에 돌아가서 현장 활동을 해야지 하는 마음이 생겼어요. 이제 한국에 돌아와 한국이주여성인권센터에 입사지원을 했는데 마침 거기에서도 일할 사람을 찾고 있어 운 좋게 입사를 하게 되었어요.

Q 성공회대학교 사회학부를 2007년 졸업하시고 실천여성학 대학원 석사과정을 시작하셨는데 공부를 하게 된 계기가 있었나요?

A 2009년경 실천여성학 3기로 입학했을 거예요. 저는 필리핀에서 성 출국 경험도 있었고 이주문제에 나름대로 준비를 했다고 생각하고 한국이주여성인권센터에 왔어요. 그리고 내가 여성단체에 10년 정도 있었고, 나름 빠르게 이주여성 이슈를 잘할 수 있을 것이라고 생각했어요.

그런데 한국이주여성인권센터에 왔는데 저 자신이 이 업무에 전혀 준비가 안 되었더라고요. 이주여성 분야는 전혀 딴 세상이었어요.

말을 전혀 알아듣지 못했어요. 그래서 공부를 해야겠구나 생각했어요. 그러니까 실천여성학 2기에 입학하게 된 것은 제가 이주여성 현장에 들어왔는데 이주여성 현장을 제대로 파악을 못 하겠는 것 같아서 다시 공부를 시작하게 됐어요.

현장을 제대로 파악하기 위한 선택이 공부였군요. 구체적으로 어떤 부분이 파악하기 어려우셨던 거예요?

네, 여기 일을 시작했는데 현장이 보이지 않았어요. 활동가인데, 그래서 이주여성문제는 전혀 다른 맥락이구나 하는 것을 깨닫게 되었고, 지금은 어떤 전화나 다 받을 수 있는데 당연히 그렇죠. 그때는 1년이 지나도 전화를 못 받았어요. 제가 답변 못 하는 것이 너무 많았어요. 왜냐하면 비자 이런 부분은 입국 상황에 따라 종류가 다 달라요. 결혼비자, 취업비자, 아침에도 누가 전화했던데, 아기는 한국에 가 있는데 엄마는 외국인이고, 남편은 없는데 주민 센터 가서 남편이랑 이혼하고…. 아기 출생신고는 어떻게 해야 되는지 등 한국의 법체계에 이주민에 대한 배려는 부족했기 때문에 정말 어렵더라고요.

현장에서의 이주여성들의 인권 상황은 나아졌나요?

여전히 그렇죠. 아직도 법적으로 이주민 보호는 힘들어요. 그래서 알아야 하는 것이 너무 많은 거예요. 그냥 국내 여성 성폭력 상담 전화면 받겠는데, 이주여성 상담 전화는 못 받았어요.

이주민 여성 성폭력 상담 전화는 성폭력 문제이지만, "비자는 뭐예요?" "지금 나오면 어디 있을 곳은 있어요?"라는 전화의 경우 전혀 다른 맥락이어서 쉽지 않았어요. 그래서 이주 현장을 좀 제대로 정확하게 파악하려면 공부해야겠구나 생각했고, 2009년인가 2010년에 성공회대 실천여성학과에 입학을 했어요. 또 그때 저희 대표님이 전적으로 지지를 해주셨어요.

 성폭력과 이주문제는 전혀 다른 문제인가요?

아뇨. 이주여성도 성폭력 피해를 당하는데 다만 해결하는 과정이 국내 여성과 좀 다른 거예요. 이주여성들이 자국민이 아니다 보니까 문제가 발생하는 경우 접근하는 방법이나 해결하는 방법이 다르고 맥락도 다른 거예요. 물론 기본적으로 (성)폭력이라는 문제 자체가 권력 관계에서 일어나는 경우가 대부분이지만, 어쨌든 이주여성일 때 벌어지는 맥락은 자국민에게 발생하는 것과 다른 측면이 있어요.

대학원은 여성단체에 재직 중이라, 시간관리가 힘들었을 것 같은데, 어떠셨나요?

A 대학원 다닐 때는 정말 힘들었어요. 학부는 그냥 학부만 다녔으니까 안 힘들었어요. 업무는 주중에 처리하고 토요일에 대학원에 갔으니까 시간적으로 엄청 괴로웠어요. 시간이 너무 없었어요. 일요일에는 하루 종일 텍스트를 읽고⋯.

텍스트 읽을 시간이 너무 없었어요, 저는 정말 열심히 공부하고 싶었어요. 혼자 잘해보고 싶어서, 마음먹은 게 기말 보고서는 반드시 이주여성문제를 주제로 쓴다 였어요. 실제로 그렇게 했어요. 제가 보고 싶은 것은 이주여성이었으니까. 그래서 여성복지 수업에서는 사회복지에서 이주여성한테 부족한 부분이 무엇인지에 대한 내용으로 보고서를 작성하고, 정치학 수업에는 이주여성의 정치적 대표성에 대한 것을 쓰고 이런 식으로 계획을 잡았어요. 이런 계획과 시도는 사실은 제가 학위 논문을 쓰는데 굉장히 도움이 되었어요. 실제로 저는 이주여성문제만 집중했어요.

Q 초창기에 실천여성학 프로그램은 1년 과정으로 구성되었는데, 그러면 1년 동안 논문을 쓰셨나요?

A 아뇨, 실천여성학 1년 과정을 마치고, 그다음에 NGO대학원으로 연결해서 공부하면서 논문을 마무리했어요.

NGO 대학원으로 넘어간 후, 제가 아마 4학기 만에 논문 쓰고 졸업했을 거예요. 빨리 논문을 마치려고 무척 노력했어요. 그래서 수업 듣고 논문 쓰고, 일하고 논문 쓰고 하느라 2년 동안은 정말 지독히도 고생스러웠어요.

그때 내가 왜 스스로 이 고난을 선택했는가? 하는 고민을 정말 많이 했어요. 그런데 이 고난이 상당히 성취감 있고 즐겁구나. 이랬어요. 참 자학적으로 살았던 것 같아요. 그런데 공부하는 건 정말 좋았어요. 논문 쓰는 것도 굉장히 고통스러워서…. 한의원 다니고 너무 아팠지만… 금요일에 휴가를 내서 금요일부터 금, 토, 일 2박 3일 내내 방에서 안 나오고 쓰고 월요일에 출근하고 이런 식이었거든요. 논문 쓰는 기간은 정말 힘들었어요.

Q 실천여성학 공부하실 때 단체 동료들과의 업무분담은 어떻게 진행했는지요. 그리고 동료들의 지원이나 격려가 있었나요?

A 그때 NGO 수업은 야간이 있었고 실천여성학 수업은 토요일에 있어 업무와는 별로 시간으로는 충돌이 안 되어 업무분담 문제는 다행히 없었어요. 어쨌든 공부하는 양과 업무의 양이 안 줄었기 때문에 그게 괴로웠어요. 하루라도 쉴 수 있었으면 좋았는데, 그러지 못했으니까. 저는 그러면서도 조금 달랐던 부분은 이주여성을 중심으로 공부를 했었기 때문에 제가 일하고 있는 현장이잖아요. 지금 우리 사무장이 베트남 출신인데 그 친구와 그냥 업무를 하다가 얘기한 부분을 기록해두었다가 기말 보고서의 인터뷰 내용이 되고, 그랬어요.

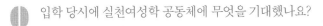

Q 입학 당시에 실천여성학 공동체에 무엇을 기대했나요?

A 저는 이주여성을 다루기 때문에 여성문제와 결부시켜서 봐야 한다고 생각했고 이론으로 여성학이 필요하지는 않았어요. 현장을 분석하고 싶었기 때문에 여성학과가 아니라 실천여성학을 선택했고 그 과정에서 동기들에게 정말 많이 배웠어요. 다양한 현장 출신들이 함께 있어서 저는 이주여성을 주로 공부하고 연구하지만 다른 동기들의 논의나 이야기를 옆에서 들으면서 아이디어도 많이 얻었어요. 현장에서 일할 수 있는 동기부여가 많이 됐던 것 같아요.

Q 대표님은 현재 박사과정 공부 중에 있는 것으로 확인되는데, 어떻게 박사과정까지 공부하게 되신 건가요?

A 성공회대 대학원 재학 때는 여성운동이 한창 활발하던 시기였어요. 주변에 같은 시기에 일했던 전국의 사무국장이 많이 있었어요. 지금도 다들 친하게 지내는데 어쨌든 그 언니들이 제가 너무 어릴 때 여성운동을 시작해서 저보다 다 언니들이었어요. 언니들이 공부에 대한 열정이 컸어요. 그리고 성공회대학교는 남자 교수님이 많아서 수업 시간에 좀 싸우기도 했지만 대학교 생활 자체는 참 좋았어요. 그렇게 자연스럽게 박사과정을 밟게 되었어요.

Q 페미니즘을 공부한 것, 여성학 학위논문을 쓴 것이 대표님 개인의 임파워먼트에 어떤 도움이 되었다고 생각하시는지요?

A 제 자신이 굉장히 자랑스러웠어요. 논문을 쓰고 석사논문이 단행본 출판이 된 건 드문 일이고 저는 그런 행운을 누렸거든요.

논문을 쓸 때 외부장학금 지원을 받았고 제가 가지고 있던 주제 자체가 그때 이주문제와 연관이 되어 있어 주변의 격려와 인정도 많이 받았어요. 이러한 것들이 박사과정까지 가게 된 계기가 되었고요.

박사과정에도 일반사회학을 공부했지만 젠더수업을 듣는 과정에서 굉장히 많이 성장한 느낌을 받았고, 석사논문을 썼던 경험, 이주여성 현장조사 사업 등 결과물이 책으로도 나오고 단체의 결과물로도 가져올 수 있는 이론적인 토대가 되었어요.

활동가들 사이에서 전문적으로 여성학을 공부하는 사람들, 논문을 쓰는 사람들, 그러지 못하는 사람들이 있는데, 꼭 논문을 쓰라고 하고 싶어요. 논문을 쓰는 과정이 자기 것으로 만드는 과정인 것 같아서요. 기본적으로 조사한 것들이 지금도 도움이 되고 새로운 책을 봐도 이론의 연결 관계에 대해 보이더라고요. 쓰는 과정이 힘들고 괴롭지만 자신의 지식을 만드는 과정이면서 영광의 과정이에요.

Q 다시 이주여성인권센터에 대한 이야기로 돌아가면요. 센터가 직면한 현장을 조금 더 설명해주세요.

A 이주여성들이 전체적으로 백만 정도가 됩니다. 그중에 결혼으로 들어오신 분들이 30만 명 되고, 나머지는 노동이나 유학 등 다양한 비자로 들어와 있는데, 저희는 외국 출신의 여성이면 비자에 상관없이 모든 이주여성을 지원하려고 노력하고요. 특히나 사각지대에 있거나 폭력 피해에 집중하고 결혼해서 굉장히 잘 살고 계신 분들은 저희의 관심 대상은 아니에요. 이런 분들은 다문화가족지원센터에서 잘 지원하면 되고, 저희는 사각지대, 최근에는 혼자된 한 부모 이주대상이나 비자가 없거나 폭력을 경험하거나 난민이거나 그런 사람들을 지원하려고 노력하고 있어요.

Q 한국으로 이주해오는 여성들의 규모가 점점 커지면서, 현실적으로 조직도 커질 수밖에 없겠어요. 어떤가요?

A 지금 저희는 전국에 쉼터 여섯 곳을 운영하고 있어요. 전국적으로 쉼터가 스물여덟 곳이 있는데 그중에 저희가 여섯 곳을 운영하는 거예요. 그리고 상담소가 전국적으로 다섯 곳 있는데, 다섯 곳 중에 저희가 네 곳을 운영하고 있어요. 상담소에는 기본적으로 폭력 피해를 지원하는 시스템이 갖춰져 있어요. 쉼터나 상담소에서는 일반적인 피해자에 대해 지원하고, 풀지 못하는 사건, 대형사건

등은 저희가 전국 지부에 공지를 띄우고, 아까 그 지역에 지원할 곳이 없거나 전문적이지 못하거나 하는 경우 저희 센터가 연계해서 지원하고 있어요. 그래서 저희 센터는 사건들을 많이 다뤄요. 그리고 이번에 베트남 여성 사건이나 그런 알려진 웬만한 사건은 저희가 다 개입이 되어 있어요.

지난번에 제주도 출장 갔던 사건도 스무 살짜리 필리핀 처제를 형부가 강간했는데 1심에서 폭행 협박이 없었다는 이유로 무죄가 선고되었어요. 그래서 저랑 서울에서 활동하는 변호사님이랑 제주도에 내려가 피해자를 다시 면담하고 제주 쉼터랑 연계해서 2심 소송에서 저희가 이겼어요. 징역 7년이 선고되었어요. 그렇게 전국적으로 풀기 어려운 사건에 대해서는 저희 단체가 거의 활동하고 있어요.

한편으로 이주여성들이 우리 사회에 시민으로 당당하게 살 수 있도록 노력하고 있어요. 결혼으로 한국에 들어온 사람들에게는 초반에 한글 교육을 많이 했는데 지금은 다문화센터에서 해주죠. 한글교육은 다문화센터에서 진행하고, 저희 인권센터는 다문화센터에서 처리 못하는 것들을 담당하고 있어요. 저희 단체는 전국에서 유일하게 이주여성 대상으로 성폭력, 가정폭력 전문상담원 교육 과정을 진행하고 있어요.

 상담소 운영이 센터의 주요한 활동인 것 같은데 상담원 교육은 해외 이주여성만을 대상으로 하고 있나요?

현 주민 여성도 같이 교육을 진행하기도 하지만 우선은 이주여성을 대상으로 하고 있어요. 이주여성 인권지원 교육을 통하여 이주여성들이 인권적 관점에서 스스로 네트워크를 만들 수 있는 이주여성 공동체 모임 같은 것을 조직할 수 있도록 지원을 하고 있어요. 중간리더 모임 같은 것도 있어요. 공동체 모임 발굴을 통해 우리 단체까지 오지 않고도 스스로 자국 친구들끼리 연락하고 정보를 교류할 수 있도록 하고 있어요.

한국이주여성인권단체 단체 조직 운영체계, 예를 들면 의사결정체계는 수직적인가요? 수평적인가요?

둘 다 같이 있어요. 저는 일할 때는 관료적인 맥락이 필요하다고 생각하는 편이에요. 왜냐하면 누구의 책임인가, 예를 들어서 이주여성을 지원했는데 어디에서 문제가 발생하는 경우, 누가 지원했는지 확인이 필요해요.

결제나 이런 것은 수직으로 받는 체계는 아니고 의논은 하되, 그렇지만 누구의 책임인가는 구분해야 하죠. 예를 들어, 쉼터에 어떤 문제가 발생하는 경우 사무국장이 책임자잖아요. 그럼 사무국장이 이 문제를 해결할 수 있도록 지원하는 식의 위계가 있어요. 다만 의사결정을 할 때는 누가 일방적으로 정하지는 않아요. 의사결정은 지부 안에 있는 구성원이 하지만 공동 이슈인 경우, 지부 대표가 회의를 통해 결정하는 체계입니다. 예를 들면 한 쉼터에서 이주여성 지원 기금이 있는데 쉼터가 전국에 여섯 곳이 있으니까, 쉼터를 퇴소하는 퇴소자한테 지원하는 기금과 관련하여 지부에 신청서를 보내서 받아요. 그런데 그 내용이 부실하여 지원이 어렵게 되는 경우, 당연히 전화해서 그 여성 얘기를 들어보고 지원 여부를 결정하지만, 이에 대한 책임 소재를 명확하게 할 수 있도록 합니다.

Q 성폭력 피해자, 성매매 피해자의 경우 사회복지기금으로 1인당 지원금이 정해져 있는데, 이주여성의 경우는 어떤가요?

A 그렇지 않아요. 우리나라 국민이 아니라서 사회복지기금 지원을 못 받아 어려운 상황이 많이 있어요. 쉼터를 퇴소할 때 지급하는 자립지원금은 이주여성 쪽에 처음 생겼어요.

Q 단체활동 중 가장 힘들었던 문제는 어떤 것이 있나요?

A 사람이 죽을 때요. 이주여성이 살해당할 때, 제가 온 뒤로 사건이 발생하면 현장에 다 갔거든요. 제주도에서도 살해당한 여성이 있었고, 작년에는 필리핀 여성이 양산에서 살해당했어요. 그래서 양산에 다녀왔고, 장례식이든 뭐든 또 장례를 못 치르기도 하는 등 여러 가지 일들이 있어요. 저희 지부가 없는 지역에서 사건이 일어나도 저희는 무조건 현장에 가는 편이에요.

그런데 좀 힘들죠. 저한테도 대리외상 같은 것이 남기도 하고, 그 상황을 실무적으로 처리해야 하잖아요. 그런 것들이 조금 힘들더라고요.

Q 조직 활동을 하면서 위기를 겪는 경우가 많은데 한국이주여성인권단체도 운영하면서 재정적 위기가 있었나요?

A 실제로 저희도 겪고 있는데요. 제가 처음 경험한 것은 2010년이에요. 저희 소속 지부에 투서가 들어와서 지부에 대한 대대적인 지자체 조사(감사)가 있었고 지부 대표가 사퇴하는 일이 있었어요. 지금도 좀 힘들어하고 있어요. 회계 문제였어요. 국가나 지방자치단체에서 지급받는 보조금은 용도가 엄격하게 정해져 있고, 용도를 변경해서 사용하면 안 되도록 되어 있어요.

아무래도 NGO단체가 경제적 어려움으로 운영이 어렵다 보니까 간혹 실무자들이 용도에서 벗어나 보조금을 사용하는 경우가 있는데, 개인적으로 사용하는 게 아니라고 해도 이런 경우 법적으로 문제가 되거든요.

Q 단체에 대한 지방자치단체의 감사는 어떻게 준비하고 있나요?

A 저희는 지부 문제의 경우 대개 중앙조직이 할 수 있는 절차에 따라서 정관에 규정되어 있기 때문에, 정관 절차에 따라서 자문변호

사의 조언을 받아 처리하고 있어요.

Q 단체활동을 하는 동안 가장 기억에 남는 사건이나 경험은 어떤 것이 있나요?

A 4년 동안 지원했던 성폭력 사건이 제일 기억이 나요. 베트남 소수 민족 출신 여성인데, 십 대 때 베트남에서 약취 혼인으로 아이를 출산했던 여성이었어요. 그 이후 한국 남자랑 결혼했는데, 이 여성이 시아버지한테 성폭력을 당했어요. 시아버지는 성폭력으로 처벌을 받았는데, 남편이 이 여성을 상대로 혼인무효소송을 제기했어요. 이유는 어렸을 때, 베트남에서 강제 결혼했던 것을 '속였다. 그때 아이를 출산을 했는데 그 사실을 말하지 않았다'는 것이었어요.

이 혼인무효소송에 대하여 저희가 공익변호사님들과 함께 대응을 했죠. 전주 사건이었어요. 출산 미고지는 혼인 취소 사유가 되더라고요. 저희가 1심 2심에서 모두 패소했어요. 여성은 혼인 취소하고 남편에게 위자료 명목으로 1심은 800만 원, 2심은 500만 원을 지급하라는 내용의 판결을 받았어요.

저희는 이 여성이 어찌하든 시아버지 성폭력 피해자였기 때문에 끝까지 도움을 주려고 노력했어요. 결국 대법원에 두 번 재판을 하게 되었고, 국회 토론회를 두 번 열었어요. 한국 여성계를 발칵 뒤집어 놓으며 이 사건을 지원했어요.

그런데 결국 두 번째 파기환송심에서 패소했어요. 저희 센터는 이 여성 사건의 지원 내용을 구체적으로 남기기 위해 판결문과 저희가 토론했던 자료들을 다 모아서 백서 작업을 했어요. 2003년도부터 지원했는데, 2007년에 지원이 끝났죠. 이 사건은 여성의 자진 출국으로 지원 종료되었지만, 너무 유명했던 사건이라 기억에 많이 남아요.

Q 단체활동을 하면서 활동가들이 신변에 위협을 느낀 경험이 있었나요?

A 간혹 있어요. 특히 남성혐오 단체들의 백래시, 저희는 이주여성들의 남편들에게 굉장히 많이 시달리죠. 이주여성들의 남편들은 저희를 이주여성을 빼돌려서 이혼시키는 곳, 한국 국민들의 말은 절대 듣지 않고 외국인 여성인권만 지원하는 곳이라고 비난해요.

저희 신변을 걱정한 경찰서에서 사무실 앞에 집회신고되어 있다고 알려주는 경우도 있어요. 실제로 토론회를 하고 있는데, 토론회에 와서, 물리적으로 공격하는 경우도 있었어요.

재판 진행 과정 중에도 있었어요. 저희도 전주까지 내려가는 거 힘든데 전주까지 와서 재판을 방청하며 난리를 치기도 해요. 저희는 저희를 공격하는 세력이 구분되어 있어 그걸 감안하고 활동해요.

Q 페니미즘 리부트 이후 페미니즘의 지형변화가 다양하게 일어나고 있는데, 대표님이 활동하고 있는 단체나 개인 활동가들에게 영향이 있나요?

A 저희 단체는 사실 큰 영향은 안 받는 것 같아요. 저희가 여성단체연합의 회원단체이고 같이 많은 것을 도모하긴 하지만 저희 이주여성단체는 아직까지 한국 국내 주류 여성운동에서 별도의 분야로 다뤄지는 것 같아요.

Q 현재 한국에서 전개되고 있는 여성운동의 결이 전체 여성을 대상으로 한 것이 아니라는 의견이 많은데, 대표님의 생각은 어떠신지요?

A 저는 이주여성운동을 하니깐 제 입장에서는 주류 여성운동 활동가도 때로는 동료이고 때로는 같이 그 안에서 논쟁을 해야 하는 대상이기도 해요. 아직은 우리나라 여성운동의 지형에서는 이주민여성이 아주 큰 고려 대상은 아닌 것 같아요.

Q 단체활동에서 각 활동가들의 역할에 따라 기대되는 리더십은 어떤 것이라 생각하는지요?

A 우선, 활동가는 자기 현장에 대해서 잘 알아야 한다고 생각해요.

현장 활동가는 현장 전문가이어야 해요. 어떤 직책을 담당하든 기본이라고 생각해요. 직책이 올라갈수록 책임져야 하는 부분이 많아지고 시야도 넓어지죠. 관계 네트워킹(인적자원)이 특히 필요하다고 생각해요. 자원을 외부에서 많이 끌어와야 하며, 경제적인 자원이나 법률자원, 의료자원, 기업 후원 등이 필요한 경우가 많아서 협력 네트워크를 잘 구축할 수 있어야 하죠. 협력 네트워크는 단체의 사무처장이나 대표가 담당하고 있어요.

최근에 와서는 고민이 되는데 지금까지는 나름 잘해왔다고 생각하고 있었어요. 단체를 설립한 분이 15년 가까이 대표로 근무하였고 지금은 세대교체를 했지만, 그 과정에서 구성원들의 합의를 통해 준비 기간을 거쳐 진행하였으므로 저의 리더십을 다른 분들이 인정하고 지부 회의에서 확인받았다고 생각하고 있어요. 그러나 조직관리를 민주적으로 하는 것이 중요한데 그 부분에 대해 제가 훈련받은 적이 없었으므로 지금에 와서 스스로를 조금 돌아보게 됩니다.

Q 현재 우리나라 여성단체활동에 있어 필요한 리더십은 무엇이라고 생각하시는지요?

A 여성운동이 다양하게 분화되고 있는 부분에서는 반가운 측면이 있어요. 과거 여성운동은 제도화를 위해 노력하거나 정부와 친밀하게 협업하는 것이었는데 지금은 굉장히 다양한 세대에서 다양

한 의견들이 나타나고 있어 다행이라 생각하고 있습니다.

그중 이주여성 인권분야도 여성운동의 다양성에 한몫을 담당하고 있다고 생각하고 있어요. 그래서 저는 전체적인 리더십이라는 건 존재하지 않고 자기 분야에서 나름의 리더십이 있다고 생각해요.

우리가 민주성이라는 것에 대해 생각할 때 사회에 대해서는 민주성을 이야기하는데 우리 자신에 대해서는 잘 생각하지 않는 것 아닌가 싶어요.

그런 것에 대해서는 조금 더 깊이 성찰을 해야 하지 않을까 생각합니다. 자신에 대한 민주성이란 밖에 나가서는 최저임금에 대해 얘기하지만 내부에서는 활동가들의 최저임금을 지키지 않고, 밖에서는 일과 생활의 균형을 얘기하면서 활동가들은 매일 야근을 해야 하는 환경에 대한 문제의식 없는 것 같은 거요.

Q 대표님 개인에게 NGO활동가 경험은 어떻게 도움이 되었나요? 리더십과 임파워먼트의 관계에 대해서도 어떻게 생각하는지 알고 싶습니다.

A 제가 여성운동을 경험했기 때문에 아무것도 없을 때 자원을 만드는 방법, 문제가 발생했을 때 어떻게 해야 하는지를 아는 것 같아요. 또한 사각지대를 잘 볼 수 있는 것 같아요. 여성운동의 경험은 여성운동이 갖는 수평적 관계, 열린 자세, 이주여성들을 지원대상으로만 보지 않는 자세를 갖게 해주었어요.

자리가 사람을 만든다고 이야기들 하잖아요. 그렇지만 아무리 자리가 사람을 만든다 해도 그 자리에 어울리지 않는 사람에게 자리가 주어지면 제대로 그 역할을 해낼 수 없듯이 저는 단체의 사무처장 업무를 수행할 때 권한이 컸음에도 불구하고, 대표가 되고서는 또 다르고, 보는 시야가 확실히 달라지는 것 같고 넓어지는 것 같다는 느낌을 받았어요.

권력에 대해 성찰하게 되었고 스스로도 강력해진 것 같은 느낌이 들어서 후배들에게 제가 권력에 도취되면 꼭 얘기해달라고 했어요. 권력을 가지고 있을 때, 적절하게 제어하지 못하는 걸 많이 봤기 때문에.

Q 끝으로 한국이주여성 인권단체의 나아가야 할 방향은 무엇이라고 생각하시는지요?

A 개인적으로 주목하고 있는 것은 한국에 왔다가 결혼이나 여러 가지 이유로 이주여성들이 결국 자신들의 나라로 귀국하는 경우가 더러 있어요. 그런데 그렇게 자국으로 돌아간 여성들의 통계가 전혀 없어요. 몇이나 돌아갔는지도 몰라요.

실패한 삶으로 돌아갔지만, 그 자료는 통계로 남겨둘 필요가 있다고 생각해요. 정식으로 통계작업의 필요성을 느껴 현지실태조사를 시작했어요.

이런 여성들처럼 한국에서 피해를 받고 어렵게 자기 나라로 돌아간 친구들의 상황을 파악하고 가능하면 그와 같은 여성들이 다시 현지에서 자립할 수 있도록 지원할 수 있으면 좋겠다고 생각하고 있어요. 이주여성을 차별하면 우리 국민도 해외에서 차별받는다는 생각으로 하루하루 업무에 충실하려고 노력하고 있습니다.

한국이주여성인권센터

2001년에 한국 최초의 이주여성쉼터인 '여성이주노동자의 집'으로 출발한 이주여성인권센터는 가정폭력과 성폭력, 이혼 등으로 벼랑 끝에 내몰린 이주여성에 대한 지원과, 이주여성이 한국 사회 구성원으로서 인간의 기본권리를 보장받고 당당 히 설 수 있도록 돕는 비영리민간단체이다.

2005년 한국이주여성인권센터로 명칭을 변경했으며, 현재 전국에 6개 지부, 6개 이주여성쉼터와 2개의 이주여성상담소를 운영하고 있다. 2019년 이주여성 폭력피해와 인종차별 이야기를 담은 《아무도 몰랐던 이야기(폭력 피해 여성들의 생존 분투기)》를 발간했다.

I. 미션과 비전

한국이주여성인권센터는 한국에 거주하는 이주여성을 위한 민간대사관으로, 이주여성이 한국 사회 구성원으로서 인간의 기본 권리를 보장받고 당당히 설 수 있도록 돕는 비영리민간단체이다.

II. 사업

이주여성 인권보호 사업: 폭력과 차별로부터 이주여성의 인권을 보호한다.

이주여성 교육문화사업: 이주여성의 성장과 시민인식개선을 위한 교육문화사업을 펼친다.

정책개발 사업: 이주여성의 인권보호와 권익 신장을 위한 정책을 연구, 개발, 제안한다.

III. 조직

2000년 설립된 비영리민간단체로 이주여성쉼터와 이주여성상담소, 이주여성 사회교육원을 운영하고 있다.

홈페이지 주소 http://www.wmigrant.org

희망 없이 희망한다는
담담함에 대해

Interviewer

김세연

X세대로서 급속도의 경제발전 속에 살아가는 게 익숙했던 나는 단체를 만나면서 내 삶의 방향을 전환한다. 활동가라는 옷을 입고 현장에 성평등한 삶을 위해 고민하고 폭력 피해에 대해 연대한다. 더불어 어려움 속에서도 현장에 있는 여러 세대의 활동가를 응원하고 지지하며, 여성이 서로를 돌보고 더 나은 삶을 이야기할 수 있는 안전한 공간과 그런 삶을 꿈꾸며 오늘도 파이팅하고 있다.

◇◇◇◇◇◇◇◇

2019년 1월 내가 활동하고 있는 단체가 20주년을 맞이했다. 20년 동안 청소년연극제, 힙합대회, 오케스트라, 청소년자원봉사, 동아리, 청소년아웃리치, 폭력예방교육활동 등 언제나 청소년과 함께했고 그렇게 단체는 지역에서 오래된 공간이 되었다. 일하면서 사람들로 하여금 지역에 단체가 있어서 참 다행이라는 말을 많이 듣곤 하는데 그럴 때마다 양가감정이 든다.

단체는 여러 활동 중 폭력예방활동이 가장 큰 비중을 차지하는데, 그만큼 청소년 범죄나 피해와 같은 일들이 많이 일어난다는 말이기도 하다.

작년 여름 청소년들이 많이 다니는 거리에 리얼돌샵이 생겼다. 우리는 시청과 시의회, 경찰서까지 면담을 했으나 법 테두리 안에서 할 수 있는 일은 업소 유리창에 붙인 리얼돌 사진 철거 통보가 할 수 있는 일 전부라고 한다. 여성가족부도 마찬가지였다. 그렇다고 그냥 있을 수는 없었다. 나와 활동가들은 업소에 찾아가 항의했고, 업소 퇴출 거리 피켓팅을 했고, 불법광고전단지나 배너 설치를 감시했다. 지역에 청소년을 위한 기관은 많으나 청소년유해환경이나 사각지대에 놓인 청소년에게 관심이 있는 곳은 그리 많지 않다는 것을 일을 하면 할수록 더 많이 느낀다.

그런 가운데 단체는 청소녀들에게 필요한 공간이 되고 싶었고 청소녀를 위한 무료상담을 시작했다. 아직까지 문의가 많지는 않지만 간간이 전화가 온다. 얼마 전 SNS를 통해 알게 된 사람에게 성폭력 피해를 입었는데 어떻게 해야 할지 모르겠다는 전화를 받았다. 성폭력상담소를 모르는 것도 아니지만, 자신이 그곳에 전화해서 무슨 말을 해야 할지 어떤 도움을 받을 수 있는지 먼저 알고 싶다며 용기를 내어 이곳으로 전화를 준 것이다. 단체활동을 하다 보면 힘든 일도 있지만, 내가 하는 일이 누군가에게 필요하다고 하면 할 만한 가치가 충분한 일이다.

안전한 공간과 사람,
십대여성인권센터의 조진경 대표

단체의 활동가들은 돈이나 명예, 권력이 아닌 가치가 중요하다고 생각하는 사람들이지만 적은 인원으로 많은 일에 전문성까지 요구되고 내가 하는 일에 대해 주변사람들의 이해도가 낮아 어려움을 감당해내야 하는 경우도 많다. 한정된 에너지를 매일 넘치게 쓰다 보면 나는 왜 활동가로 살고 있을까? 이렇게 열심히 한다고 세상이 변하기나 하나?

지친다고 힘겨워하면서도 오늘도 여전히 활동가로 살고 있다. 이런 마음이 들 때는 같은 일을 하는 활동가를 만나 얘기하는 게 참으로 위로가 된다. 조진경 대표도 같은 말을 한다. '지친다. 내려놓고 싶다'면서도 다시 생각나는 건 내가 했던 활동이고 이미 나에게는 다른 삶이 상상이 안 된다는 이야기를 들으니 많은 설명을 듣지 않아도 활동가로서의 삶이 느껴진다.

조진경 대표가 일하는 단체는 성착취나 성폭력 등 십대여성인권과 관련된 일을 하다 보니 이야기 나누는 중에도 급하게 처리해야 하는 업무들이 많이 발생했다. 그렇게 바쁜 와중에 후배의 인터뷰 요청을 받아들이기 쉽지 않았을 텐데 흔쾌히 받아주셔서 감사한 마음이 들었다.

최근 속칭 '텔레그램 n번방 사건'으로 한국 사회의 디지털 성범죄 내지 성착취 현상이 전면적이고 폭발적으로 사회문제화되고 있다. 종래 '소라넷 사건'부터 이어져온 사태는 첨단기술, 사이버공간, 익명성이라는 포장을 한 겹 걷어내고 보면, 실은 여성과 아동청소년에 대한 차별과 착취의 오랜 구조가 노골적으로 드러난 문제이다. 누구의 욕망을 채우기 위한 성매매가 없어지려면 성평등한 사회가 되어야 한다며 청소녀가 성평등한 삶을 살 수 있도록 절망도 좌절도 하지 않고 오늘도 활동한다는 조진경 대표의 말에서 자신이 무엇을 해야 하는지 활동가로서의 신념과 가치가 충분히 묻어났다.

선배의 얘기를 들으니 우리가 활동을 지속해야 하는 이유가 다시 한번 명확해진다. 성평등을 넘어서 인간평등으로 나아가기 위해 학교 현장에서의 페미니즘 교육이 더욱더 절실해진다.

우리는 처음 만났는데도 낯섦을 뒤로한 채 이야기를 하다 보니 어느새 3시간이 훌쩍 지났다. 다음 만남을 기약하며 사무실을 나오는 나에게 교통사고로 치료 중인 다리를 이끌고 후배가 가는 길을 배웅해주는 선배의 마음에 눈물이 난다.

모든 청소녀들의 안전하고 성평등한 삶을 위해 선배와 나는 각자가 있는 자리에서 열심히 활동하고 있을 것이며, 그 활동들이 연결되어 우리는 어떤 식으로든 만날 것이다. 서로의 활동을 응원한다.

한계와 비판을 넘어선 대안을
고민하는 활동가

NGO리더 조진경

2003	성매매근절을 위한 한소리회 사무국장
2003	성매매 피해자 자활지원을 위한 다시함께 센터 소장
2011	평택 두레방 외국인 성매매피해여성 지원시설전문위원
2012 ~ 현재	십대여성인권센터 대표
2014	여성가족부 장관 표창장
2017	미래를 이끌어갈 여성지도자상(여성신문사) 수상
	루비어워드(국제 소롭티미스트 한국협회) 수상
2018	길원옥 여성평화상 수상
2019	아쇼카 펠로우(사회 혁신가) 선정
	청소년푸른성장대상(성인부분 개인) 수상

본격적으로 여성운동을 시작하게 된 계기는 무엇이었나요?

자연스럽게, 살면서 이건 아니지 생각을 많이 했어요. 3대째 기독교 집안에서 태어났고 부모님이 모두 교육공무원이셨어요. 편찮으신 할머니, 아이들은 넷, 어려운 조건에서 일하고 집안일은 모두 엄마의 몫, 내 눈에 보이는 엄마는 언제나 안타깝고 아버지는 미웠어요.

살면서 고민과 이해가 안 되는 면이 너무 많았죠. 결정적으로 이대 기독교학과에 입학하면서 여성 신학을 하게 된 것이 그동안 살면서 불합리에 대해 생각을 정리하게 된 계기가 되었어요. 자유주의 신학, 성서비평하기를 공부하면서 자유로워진 것 같아요. 보수적인 신앙생활에서, 하나님은 약자들의 하나님이며 여성운동은 나에게 당연한 것이 되었고 그래서 방향이 설정된 것이지요. 어렸을 때부터 정의에 민감하고 사색적이며 꼼꼼한 성격인 나는 문서비평하고 해석학적인 도전들을 하는 게 잘 맞았고 재미있었거든요. 88학번인 나는 학생운동이 가장 활발했던 시기에 학생운동을 했고 이 모든 것이 합해져서 여성운동을 시작하게 된 것이죠. 특히 여대에 다닌 경험이 나한테는 장점이었습니다.

한국교회여성연합회에서 일을 시작했는데 성 산업에 유입되는 여성들을 위한 일에서 간사 역할을 맡았어요. 그때 기지촌 실태조사를 하면서 성매매 분야에서 전문성을 가지고 일하고 싶다고 생각했고 지금까지 일하고 있지요.

경제적인 어려움은 없으셨나요?

활동가는 제대로 된 임금을 받는 경우가 많지 않아 그것에 맞춰 사는 것이 익숙한 것 같아요. 지금은 기관에서 일하면서 월급을 받지만, 시민사회에 일했을 때는 100만 원 이상을 받은 적이 없고 개념도 없었어요. 최저임금보다 못한 월급을 받는 삶인데도 그렇게 어렵다고 생각하지는 않았고요. 명분이 있는 곳에서 일하니까요. 그래도 학비를 내고 학교에 다닐 형편은 아니었으니까 장학금이 큰 도움이 되었어요. 지금은 아프면 어떻게 하지, 걱정을 합니다. 교통사고로 지금 몸이 좋지 않아요. 늘 그게 걱정이죠.

십대여성인권센터 활동을 하면서 신변에 위협을 느낀 경험이 있나요?

지금 생각해보면 내 신변에 위협이 있었는데 내가 좀 무뎌서, 그때는 잘 몰랐어요. 다행이지 뭐. 난 아이들이 잘못될까봐 그게 걱정이었지요.

Q 경제적인 어려움도 신변의 위협도 무던히 넘기셨는데 '여성운동'이라는 활동을 하면서 느끼는 어려움은 없으셨나요?

A 2003년~2005년도에는 집에 들어간 적이 거의 없었어요. 2003년도 성매매방지법 제정 과정에 참여하면서 해야 할 일은 너무 많았고, 2004년도에 제정·시행되면서 온갖 백래시가 장난 아니었고 전국에서 SOS 하면 어디든 갔으니까요. 그때 법은 만들어졌지만 어떠한 내용도 없어서 모두 만들어야 하는 상황이었어요. 집결지 정비 및 폐쇄 조치가 도시 정비·개발의 일환으로 진행되기 때문에 업주나 토지 소유자들이 도리어 막대하게 오른 개발이익을 서로 가져가겠다며 자신들의 권리를 주장하는 상황이었으니까요. 저는 그때 '집결지공동대책위원회'에서 정책위원장을 맡았는데, "집결지 폐쇄 및 정비는 과거 국가의 묵인과 방조, 조장에 의해 조직적으로 벌어진 범죄행위에 대한 단죄 형식이어야 한다"면서 성매매 알선업자, 집결지 토지 소유자 등에 대한 강력한 처벌을 주문했어요. 성매매알선업자들의 공격들이 많아서 스피커 역할도 해야 하는 상황이었고요. 잠도 안 와서 제대로 못 자는 시기였죠. 성매매방지법 제정되고 업주들 30여 명이 센터 내 난입해서 집기 부수고 난리도 났었어요. 피해자 지원, 스피커 역할까지 하느라 병이 나도 병원에 갈 수 없는 상황이었어요. 예전에는 그냥 버텼는데, 3년을 집에 들어가 본 적이 없는데, 어느 날 가족이 이사를 가버렸더라고요. 나도 우리 집이 어디인지 우리 집 전화번호가 뭔

지도 모르는 상황에서 업주들은 어떻게 알았는지 우리 집에 전화를 하는 상황이 벌어지기도 했어요.

2004년도 9월에 어머니가 갑자기 뇌경색이 와서 반쪽이 마비되셨어요. 일도 바쁘고 힘들었지만 엄마가 돌아가시면 어떡하지 하는 마음이 컸어요. 그래서 병원에서 일주일 지냈는데, 병원에 폭력배가 와서 이상한 행동까지 하는 거예요. 매일매일 별일이 많은 나로서는 업주들이 겁주려고 협박하면서 실력행사를 하는데도 그걸 몰랐어요. 업주들 입장에서는 황당했겠죠.

한번은 부산에서 지인이 놀러왔는데, 내가 서울 관광을 시켜주지 않고 서울에 있는 경찰서 구경만 시켜주더래요. 그만큼 내 머리는 온통 성매매와 관련된 일만 있었고, 그것밖에 몰랐던 것 같아요.

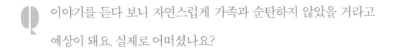

이야기를 듣다 보니 자연스럽게 가족과 순탄하지 않았을 거라고 예상이 돼요. 실제로 어떠셨나요?

가족들이 내가 하는 일을 이해하지 못해서 지지가 없었고, 아버지는 내가 하는 일을 너무 싫어하셨죠. 아버지가 내가 하는 일을 인정하지 않고 어머니가 쓰러지고 나서는 "들어와서 살아라. 들어와서 부모님 모셔라" 했어요. 식음을 전폐하고 계속 들어오라고 하셨어요.

그 와중에 미아리에서 사람 다섯 명이 죽었어요. 아버지한테 "제가 가봐야 해요"라고 했더니, 아버지가 "뭐하러 가냐, 니가 소방

관이냐?" 그러시더라고요. 그러던 아버지가 2008년 연말에 돌아
가셨어요.

일이든 공부든 내가 원해서 한 거라 별문제는 없었어요.

Q 십대여성인권센터 활동을 하는 동안 가장 기억에 남는 사건이나
경험이 무엇인가요?

A 너무 많아요. 너무 많아서….

저는 여기(십대여성인권센터) 활동 시작할 때 겪은 사건이 가장
힘들었어요.

청소년 사업으로 '네이버지식iN 질문하기'에 청소년들이 올리는
글을 모니터링을 했어요. 그런데 올라온 글 중에 내가 믿을 수 없
을 만큼 끔찍한 내용이 있었어요. 거의 성고문에 가까워서 믿을
수가 없었어요. 열여섯 살한테 그런 짓들을 할 수 있는 사람은, 내
생각에는 나한테는 없어서 괴담이라고 생각했어요.

"이게 말이 돼?" 그랬죠. 그랬더니 또래 상담원들이 "지식인에 누
가 거짓말을 올려요? 사실일 거예요." 그러더라고요. 그래서 '만
약 사실이라면 뭘 원하냐, 도와주겠다, 우리가 이런 기관이다'라고
댓글을 달았어요. 그랬더니 답이 왔어요. 그래서 만나자고 했고
만나러 갔죠. 진짜 열예닐곱 된 아이였는데, 그 애의 말을 아무도
안 믿는 거예요. 진짜 성폭력을 당했는데! 18만 원 주겠다고 해서
SM(사디즘, 마조히즘)을 하게 된 거예요. 그런데 사람들이 얘가 거

짓말을 한다는 거예요. 'SM 조건만남을 해놓고 성폭력으로 신고했다' 이런 시각이더라고요.

가해자는 성매매한 사실은 인정하고, 성폭력 한 적은 없다고 하고. 아동청소년의 성보호에 관한 법률(이하 아청법)이 굉장히 중요한 차이가 이 법에 의하면 강제가 없으면 자발적이라고, 돈을 받았으니 성매매 사건으로 처리되는 거예요. 성폭력 사건이면 강제성이 인정되고 5년 징역형을 받는 범죄인데, 성매매는 1년 이하 집행유예이거나 거의 무혐의가 돼요.

너무 기가 막힌 거예요. 열여섯 살짜리한테 18만 원을 주면 이래도 되는 거야? 이게 성폭력이 아니고 뭐냐고요.

그 아이를 병원에 데리고 갔는데 내가 보호자가 아니라고 진단서도 발급이 안 된다, 손해배상 청구를 아이 이름으로 못한다, 부모가 없어서. 나는 너무 웃긴 거죠. 법적 권리도 없는 애한테 자발적이었는지는 따지면서 법적으로 책임을 지라니 말이 안 되잖아요.

아, 그래서 성인과 아동에 대한 시스템이 따로 있어야겠구나. 그래서 아동청소년법을 개정하게 됐죠. 그게 저한테는 첫 사건이었어요. 일하면서 법이 진짜 잘못됐구나, 그렇게 생각하게 되었고 그래서 아청법 개정안을 만들었죠.

내가 일을 하면 할수록 느끼는 게 기존에는 성 산업이 있음으로써 성 매수자들의 욕망이 생긴다고 생각했거든요. 아니에요. 성 매수자들의 욕망이 성 산업을 부추기는 거예요. 그래서 이건 남성 문화인 거죠. 그래서 남성 문화가 바뀌지 않으면 성매매는 없어지지 않는구나, 결론을 내리는 거고요.

Q 현장에 대한 이해가 활동의 원동력이 되신 것 같은데, 실천여성학
이라는 공부를 하게 된 계기가 있을까요?

A 2012년 모든 걸 내려놓고 캐나다에 갔어요. 그런데 거기서도 도
저히 성매매에 대한 관심을 끊을 수가 없었어요. 여러 가지 일들
이 꿈에서도 나타나고 거기서도 계속 성매매 기관에 다니면서 인
터뷰를 했어요.
나만 도망 온 것 같고 다시 돌아가야지, 하기 전인 1년 동안 북미
를 돌아다니면서 관련 기관을 다녔어요. 대부분의 여성이 청소년
기에 성 착취에 유입이 되거든요. 나중에 언제 싹이 틀지 모르겠
지만 본인이 얼마나 소중하고 존엄한 사람인지 계속 얘기할 거니
까 언젠가 스스로 소중하고 존엄하다고 생각한다면 성 산업에 유
입되는 것이 쉬운 것은 아닐 거야, 하면서 십대여성인권센터를 만
들었어요. 그 과정에 성공회대에 실천여성학이라는 공부가 생겨
서 들어갔죠. 공부를 하고 싶었어요. 15년을 현장에서만 계속 있
다 보니 머리가 텅텅 빈 것 같고. 요즘은 무슨 얘기들이 나오는지,
다른 사람들은 무슨 얘기를 하는지 듣고 싶었어요. 요즘 트랜드도
알고 싶고, 공부도 하고 싶었는데 장학금도 준다니까 왔지요. 장
학금 안 줬으면 못 갔지요.

Q 공부와 일을 병행하면서 시간관리와 건강관리는 어떻게 하셨나요?

A 제가 하는 일이 너무 다급하게 발생하는 경우가 많기 때문에 일하면서 공부하기가 쉽지 않았어요. 그런 상황에서도 책을 많이 읽었고 리포트도 엄청 열심히 썼어요. 시간이 없어서 졸업은 못하고 수료만 했어요. 지금은 건강에 대한 염려가 있어요. 나는 세상이 빨리 변하길 원했어요. 시간이 지났는데도 변한 게 없다면 못 살아요. 맨날 잠 안 자고 일했는데. 그만두지 않고서는 쉴 수가 없었는데, 아무리 급해도 흐름을 막을 수 없더라고요. 갈 건 가고 올 건 오더라고요. 내가 일하면서 내린 결론은 그래요.
'하나도 안 바뀌었다고 생각했는데, 우리 편은 많아졌다'예요. 그러니까 내가 절망할 일도 없고, 좌절할 필요도 없고, 내 일을 열심히 하면 되는 거죠. 안 그러면 내가 지속 가능하지 않겠더라고요.

Q 페미니즘 리부트 이후 페미니즘 지형 변화가 다양하게 일어나고 있는데, 소속 단체나 개인 활동가들에게 변화가 있나요?

A '불법촬영 편파수사' 규탄 여성 집회 이후 십 대 내담자들이 많이 변한 것 같아요. 십 대 내담자들이 "페미니즘이 뭐예요?"라고 질문해요. 질문들이 늘었어요. 앞으로 십 대 페미니스트들하고 소통하고 싶은 꿈이 있어요.

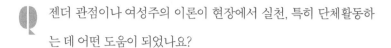

Q 젠더 관점이나 여성주의 이론이 현장에서 실천, 특히 단체활동하는 데 어떤 도움이 되었나요?

A 20년 만에 학교를 다시 들어간 거잖아요. 저는 되게 좋았어요. 여성학의 여러 조류에 대해 아는 것도 좋았고 같이 공부하는 사람들끼리 얘기하는 것도 좋았고요. 다른 NGO 학과에 가본 것도 좋았고. 책 읽는 것도 좋았어요. 책을 정말 많이 읽으라고 그러잖아요. 현실적으로 불가능한데…. 나름대로 열심히 노력했는데 지나고 보니 나쁘지 않았어요. 나한테는 좋은 경험이에요. 20년 만에 그런 경험을 한 것 자체가 행운이었어요. 수업이 있는 날은 충전이 되는 것 같았어요. 시대를 초월해서 힘들지 않은 페미니스트가 있을까요?

학교에 가면 동시대에 같은 생각을 하는 사람들과 공부하는 것만으로도 감사했어요. 공부를 통해 활동하는 에너지를 얻었어요.

여성주의 선후배 간에 네트워킹이 학교 다녔을 때 잘 됐으면 좋았을 텐데, 이 생각은 들어요. 그분들이 한국여성운동을 이끌었던 사람들인데 그런 얘기를 듣는 자리가 많으면 좋을 것 같아요. 많은 사람이 오지는 못했어도 학교 다닐 때는 참여할 수 있으니까. 성매매 분야 외에는 다른 것을 쳐다볼 시간이 없었는데 학교에 가니까 다른 분야에서는 어떤 이슈가 있구나, 알 수 있어서 나한테는 되게 좋았어요.

여성단체활동에 있어 필요한 리더십은 뭘까요?

 여성주의 리더십이 해체와 비판을 얘기하는 것. 해체와 비판을 통해서 어렵지만 한정적으로 통합하고 그 부분에 대해서도 대안을 제시하는 것. 활동가들하고 일할 때도 계속 비판만 하잖아요. 비판만 하고 대안과 비전을 제시하지 못하는 리더십만 있는 사람과는 함께 일하기 어렵다고 생각해요. 안 따라줘요. 그랬을 때 저희는 여성주의적으로 기성사회를 무비판적으로 취급할 수 없어요. 한계에 부딪히더라도 이 부분에 대해서 비판하고 해체했던 그 지점에서 새로 대항하는 뭔가를 만들어내지 않으면 안 되는 거요. 그런 면에서 여성 리더십이 성장하고 성숙할 수밖에 없다고 봐요. 해체와 비판 수준에서 머무르면 안 돼요. 저한테는 그래요. 그래서 우리 기관의 비전과 목표인 거예요. 그렇게 나온 게. 우리는 성매매 이슈, 십 대 중심으로 갈 거고, 십 대를 지원하는 방식은 통합지원체계가 맞고. 통합지원체계가 성평등을 지향하고 있고 본인들이 자기의 성적 정체성에 입각한 성인권 의식을 가지고 본인들이 원하는 삶을 살 수 있다고 생각하는 거죠. 그게 지금 제가 한계는 있지만 대안으로 가지고 있는 시스템인 거죠. 그 대안이라는 것이 말로 있는 것이 아니라 시스템으로 녹여야 하는 것. 그 시스템 안에서 구체적으로 작동해야만 이 사람들한테 대안을 줄 수 있다는 거예요. 그게 지금 십대여성인권센터가 가진 대안인 거죠. 해체하고 비판하면서 만들어낸 대안인 거죠.

현재 활동하고 있는 단체를 소개해주세요.

 십대여성인권센터는 십 대의 시기에 다양한 위기 상황을 겪고 그
경험을 토대로 십 대들을 위한 성매매예방과 피해지원, 성매수·알
선사이트 신고 등의 활동을 하는 곳입니다.

우리는 성매매를 인간의 존엄을 해치는 폭력과 착취로 규정하며,
성매매는 빈곤과 불평등한 기회, 차별 등의 이유로 발생한다고 봅
니다. 따라서 성매매는 없어져야 할 범죄행위입니다. 이를 위해
생업을 가지고 있지만 거의 활동가 수준에서 운영과 소통을 함께
하는 아홉 분의 운영위원과 서른일곱 분의 변호사들로 구성된 '법
률지원단', 다양한 전공의들로 구성된 열세 분의 '의료지원단', 그
리고 열의와 정성, 진정성이 있는 '심리치료사'들이 피해자 지원
과 법 개정, 지원시스템 마련, 연구 작업 등을 함께하고 있어요.

현재는 여성가족부로부터 '사이버또래상담사업'과 '서울위기청
소년교육센터'를 위탁받아 운영하고 있으며, 2016년부터는 아산
나눔재단 Partnership ON 혁신리더 기관으로 선정되어 성매매피
해청소년 대상 전문상담소 모형 프로젝트 S.N.S(Stop N Start)를 운
영하고 있습니다. 열린 사고와 행동하는 단체로 우리는 앞으로 필
요한 다양한 활동들을 계획하고 만들고 우리와 뜻을 함께하는 전
세계의 활동가들과 함께 일하고 있어요.

 십 대 여성들을 위한 활동이 반성매매 운동과 연결이 되네요?

성매매가 없어지려면 성평등이 이뤄져야 해요.

통합지원체계로 탈성매매하고 건강한 성인으로 성장하도록 돕는 게 우리의 목표인데요. 사회적 인식과 시스템이 바뀌어야 해요. 성인권 향상이라는 것이 곧 성평등한 사회를 지향하는 것인데 굳이 성인권이라고 얘기하는 것은 인권이라는 개념이 성적 편향을 가진 개념이라고 보는 거예요. 소위 인권이라고 얘기할 때 남성 인권이지 여성 인권이 없다, 마치 인권이라고 하는 것에 다 들어가 있다고 생각하지만 성적인 것에 대해서는 숙고하지 않은 개념이라고 보는 거죠. 인권 앞에 성인권이라고 쓰면서 인권도 성적으로 분화되어 있음을 명확하게 하는 거고요. 그런 게 우리 기관이 운영하는 전체 내용이고 동시에 한 가지 중요한 것이 성매매는 전지구적으로 일어나고 있는 현상이고 전지구적으로 가부장적인 사회, 성 불평등한 사회라고 보고 있어요.

성매매는 하나의 국가만으로 해결될 수 있는 문제가 아니기 때문에 국제연대나 국제적인 행동 기관들이 네트워크 되는 것을 중요한 비전으로 보는 거죠. 우리 기관이 갖고 통합지원체계가 있거든요. 사이버 상담을 통해 발견하고 당사자들이 성장 성숙하도록 사이버 또래 상담원을 양성하고 상담소를 통해서 법률과 심리지원 등 자활에 필요한 것들을 지원해요. 이를테면 주거 지원도 있고요. 상담소에는 변호사와 의사, 심리치료사, 이런 사람들이 지원단 형태로 60~70명이 있거든요.

전문가들의 인식변화도 중요하죠. 어차피 피해자들이 전문가들을 만나서 지원을 받을 텐데 2차 피해가 굉장히 심각하거든요. 이 아이들을 성 착취 피해자로 보는 것이 아니라 성범죄 가담자로 보면서 애들한테 낙인을 부여하고 수치심을 주고 아이들이 죄책감을 가지도록 하면서 자립에 오히려 방해가 되는 거죠.

그래서 우리는 전문가들도 키워요. 이 전문가들이 우리 기관의 지향과 동일해지면서 이 사람들도 크고 이들이 자기 진영 안에서 인식변화를 위한 새로운 완충의 역할이 되는 방식으로 지원단과 관계를 맺고 있어요. 그러면서 위기 청소년교육센터가 운영되고 아이들한테 새로운 문화를 경험하게 하는 거죠. 다양한 가능성과 새로운 문화를 접해봄으로 자기의 미래를 새롭게 만들 수 있는 힘을 키워요.

그게 지금 십대여성인권센터가 가시적으로 운영하는 사업이에요. 아이들 통합지원체계인 거죠. 앞으로는 이 체계가 법률개정을 통해 국가지원, 기관이 되는 거죠. 이건 국가가 해야 하는 일이니까 책임도 국가가 진다면 십대여성인권센터는 좀 다른 차원의 철학과 비전을 모색하겠죠. 지금 그래서 아청법 개정을 핵심적으로 하고 있죠.

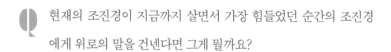

현재의 조진경이 지금까지 살면서 가장 힘들었던 순간의 조진경에게 위로의 말을 건넨다면 그게 뭘까요?

제가 활동 중에 가장 힘들었을 때, 몸은 너무 힘든데 이해하고 함께하는 사람은 없고, 모두 나한테 의지만 하는 것 같고, 도와주는 사람은 없고, 아무것도 이뤄지는 게 없는 것 같고…. 주변에서 질타하고, 시기하고, 헛소문이나 돌고, 무지무지하게 열심히 했는데 자꾸 부족한 느낌만 들고. 정당성밖에 없는데 정당성을 잃은 듯하고…. 그럴 때 과감하게 일을 그만뒀어요.

지금 생각해보면 그 시간이 왜 필요했을까 싶지만 이제는 필연적이었다 싶어요. 그때 그만두지 않았다면 죽었을 것 같아요.

인생에서 신호가 온다면 길을 바꿔보는 것도 중요하다고 생각해요. 용기를 내서요. 그때 혼자서 떠돌면서 '내가 왜 그렇게 힘들었을까?'를 계속 묻고 또 물었을 때, 결국 내가 낸 결론은 내 기대가 너무 컸구나, 였어요.

뭔가를 한다는 것, 우리 사회의 좀 더 나은 변화를 위해 아무것도 기대하는 것 없이 최선을 다했다고 생각했는데, 내 내면에는 그걸 통해 성과를 기대하고, 인정받기를 기대했다는 것을 받아들일 수밖에 없었어요.

기대가 크면 절망도 커요. 뭘 그리 기대했을까….

그래서 다시 돌아올 때는 '희망 없이 희망한다'는 마음을 가지고 돌아왔어요. 희망이 없어도 희망을 만든다는 것. 희망은 결국 아무것도 기대할 게 없는 데서 나오는 마음이에요. 그러니 희망한다는 것은 정말 희망이 없다고 느꼈을 때, 희망을 믿는 거거든요. 내가 만들어가는 것이고, 내가 희망이 되는 것이라는 걸 마음에 담고 돌아온 거죠.

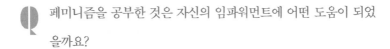

Q 페미니즘을 공부한 것은 자신의 임파워먼트에 어떤 도움이 되었을까요?

A 실천여성학 공부를 하면서 각기 다른 분야의 다양한 얘기를 들을 수 있었어요. 그 경험이 나에게 조직 안에서 다양한 목소리를 수용하는 계기가 되었어요. 그런 면에서 공부가 조직운영에 도움이 된 것이죠.

십대여성인권센터

우리 단체는 십 대 때 다양한 위기를 겪고 그 경험을 토대로 십 대들을 위해 성매매 예방과 피해지원, 성 매수 알선사이트 신고 등의 활동을 하는 어린 활동가들과 십수 년 이상의 반 성매매 활동을 해왔던 늙은 활동가들이 함께 일하는 곳이다. 그래서 항상 사건 사고가 끊이지 않고, 조용할 날이 없지만, 서로를 믿고 지지한다. 서로에게 귀 기울이면서 재밌고 열려 있는 생각과 활동을 지향하는 단체다.

우리는 성매매를 인간의 존엄을 해치는 폭력과 착취로 규정하며 빈곤과 불평등한 기회, 차별 등의 이유로 발생한다고 본다. 따라서 성매매는 없어져야 할 범죄행위다. 이를 위해 생업을 가지고 있지만 거의 활동가 수준에서 운영과 소통을 함께하고 있는 아홉 명의 '운영위원'분들과 서른일곱 분의 변호사들로 구성된 '법률지원단', 다양한 전공의들로 구성된 열세 분의 '의료지원단', 그리고 열의와 정성, 진정성이 있는 '심리치료사'들이 피해자 지원과 법 개정, 지원시스템 마련, 연구작업 등을 함께 하고 있다.

현재는 여성가족부로부터 '사이버또래상담사업'과 '서울위기청소년교육센터'를 위탁받아 운영하고 있으며, 2016년부터는 아산나눔재단 Partnership ON 혁신리더 기관으로 선정되어 성매매피해청소년 대상 전문상담소 모형 프로젝트 S.N.S(Stop N Start)를 운영하고 있다. 앞으로 장기적으로 성매매가 없는 더 나은 세상을 만들기 위해 전 세계를 터전으로 활동할 계획이다.

열린사고와 행동하는 단체로써, 우리는 앞으로 필요한 다양한 활동들을 계획하고 만들고 우리와 뜻을 함께하는 전 세계의 활동가들과 함께 일할 것이다. 우리와 함께하고 싶은 분들은 언제든지 연락주기 바란다.

홈페이지 주소 http://www.teen-up.com/

생각이 목소리로,
목소리가 운동이 되는
현장에서

Interviewer

이주영

어려서부터 관심받기 위해 무대에 서는 걸 선택했다. 정상가족에서 벗어난 소수자의 삶에서 생존하는 하나의 방식이었다. 웃음을 주는 일에 가능성을 발견하고 개그맨이 되고 싶었지만, 시골에서 할 수 있는 일은 없었다. 성인이 되어 결혼을 하니 '아내다움'과 '엄마다움'을 강요하는 환경으로 인해 우울증에 시달렸다. 우울증에서 벗어나기 위해 강사로 활동하다가 민우회를 알게 되어 자원활동가로 제2의 무대를 찾게 되었다. 생을 마감하는 날까지 나에게 가치 있는 삶을 살게 해준 페미니즘을 실천하기 위해 힘을 기르고 있다.

김민문정 대표를 처음 만난 건 고양파주여성민우회 자원활동가로 참여한 '2018 국제여성평화걷기' 행사를 마치고 집으로 돌아오는 차 안이었다. 나와 같은 동네에 사는 고양파주여성민우회 사무국장의 차를 얻어 타면서 근처에 사는 김민문정 대표도 자연스럽게 같은 차에 타게 되었다.

나는 이야기를 듣기만 할 뿐 한마디도 하지 않았고 그들의 대화에서 그녀가 대표라는 것을 유추할 수 있는 내용은 없었다. 민우회를 접하기 전 내가 '대표'에 대해 가지고 있었던 이미지는 대우받는 사람, 지시하는 사람이었다. 민우회는 수평 조직이기에 대표라고 특별히 대우해주지 않으며 책임과 업무만 주어진다는 것을 그때는 잘 몰랐다. 이후에도 몇 번 민우회 행사 자리에서 김민문정 대표를 다시 만났다. 그때까지도 누구인지 몰랐지만 적극적으로 참여하는 모습에 자꾸 눈길이 가는 사람이었다.

2016년 성폭력전문상담원 과정으로 처음 민우회를 접하게 되면서, 내가 일상에서 경험했던 불쾌한 상황들이 성폭력, 성차별, 가정폭력, 가부장제 등의 언어로 정의될 수 있다는 것을 알았다. 민우회는 내가 경험했던 불쾌한 일들이 개인의 불운이 아니라, 성불평등한 사회구조와 문화의 문제이고, 많은 여성이 나와 같은 경험을 겪고 있다는 것도 깨닫게 해주었다. 그리고 성불평등한 구조와 문화를 변화시키기 위해서는 적극적인 활동이 필요하다는 것을 알았고, 힘이 닿는 데까지 여성운동을 해야겠다고 다짐하며 시간이 닿는 대로 광장과 캠페인장으로 달려나갔다. 그런데 시위 현장에서 재생산, 우생학, 이런 단어를 구호로 외치면서 단어의 뜻을 잘 몰라 부끄러웠다. 그 맥락에 대해 알고 싶었다. 그래서 대학원 진학에 도전하게 되었다.

대학원 인터뷰 과제를 위해 졸업생 명단을 보던 중 한국여성민우회 대표의 집과 우리 집의 거리가 가깝고, 내가 민우회 활동을 하고 있었기 때문에 이분과 인터뷰를 하고 싶었다. 그랬더니 동기가 "바쁜 대표임에도 시위 현장에 자주 오시는 존경하는 분"이라며, 자신도 만나 보고 싶다고 했다. 그래서 어떤 분인지 인터넷으로 검색해 사진을 보는 순간 행사장에서 몇 번이나 마주쳤던 사람이라는 것을 알았다. 그제야 왜 행사 이후에 같은 차량을 탔는지, 행사장에서 두 번이나 김민문정 대표를 보게 되었는지 이유를 알 수 있었고, 만남이 운명처럼 느껴졌다.

김민문정 대표는 내가 민우회 회원임을 밝히지 않았음에도 나의 인터뷰 요청을 흔쾌히 받아들였다. 약속을 잡고 민우회 사무실을 방문해 1시간 남짓 인터뷰를 진행했다.

김민문정 대표는 한 단체에서 거의 20년 동안 활동을 해왔다. 민우회 조직의 평균 근속 연수보다 두 배나 되는 기간이다. 그렇게 오랫동안 한 조직에 있을 수 있었던 이유는 활동이 너무 재미있었고,

운이 좋아서라고 했다.

김민문정 대표는 고양여성민우회에서 처음 여성운동을 시작했다. 사회변화를 위해 새로운 것들을 시도하며 변화를 목격하며 성취감도 느끼고, 활동가들과 함께하는 시간들이 재미있었다고 했다. 그때를 회상하는 김민문정 대표는 미소 띤 얼굴로 눈을 반짝이며 생기가 넘쳤다.

그때의 기쁨이 전달되며 나도 무언가를 같이 이룬 듯 기뻤다. 나 또한 그러한 기쁨을 현재 함께 활동하고 있는 활동가들과 함께 느끼고 싶었다.

세상을 변화시키는 가치 있는 즐거움. 뜻이 맞는 사람들과 함께하는 즐거움을 말이다. 인터뷰를 통해 내가 어떤 일을 하고 있는지 구체적인 언어로 들을 수 있어서 민우회 활동에 자부심을 느낄 수 있었고 여성운동에 더욱 열심히 참여해야겠다고 다짐했다.

인터뷰 이후 개인적인 만남 요청에 김민문정 대표는 흔쾌히 승낙했다. 김민문정 대표는 여성학을 막 접하고 뿌리 깊은 성차별적 사회구조에 분노하며 열변을 토하는 나의 이야기를 묵묵히 들어주었고, 여성운동을 지속적으로 하기 위해 필요한 조언도 아낌없이 해주었다. 때로는 나의 사적인 이야기도 서슴없이 할 수 있을 정도로 오랫 동안 알고 지낸 언니 같았다. 학교 과제로 만난 사이가 아닌 여성운동에 대한 멘토로 때로는 인생에 대한 조언을 구하고 싶은 동네 친한 언니로 지내고 싶을 정도로 김민문정 대표와의 만남은 항상 기다려진다.

말할 수 없음에서 말할 수 있음으로
나의 목소리를 찾아가는 과정

코로나19와 김민문정 대표의 바쁜 일정으로 요즘은 잘 만나지 못하고 있지만, 김민문정 대표에게 받은 기운으로 집 안과 밖에서 여성권리 찾기 운동을 적극적으로 이어가고 있다. 집 안에서는 남편과 아이에게 집 안에서의 휴식 시간 보장과 가사노동 분담을 선언했고 모두가 함께하게 되었다. 얼마 전 시어머니에게도 '엄마다움'과 '아내다움'의 강요로 힘들었다고 그동안 마음에 쌓여 있던 이야기를 할 수 있었다.

목소리를 내고 행동을 하면 삶과 세상이 바뀔 수 있다는 것을 느낀다. 집 밖에서도 목소리 내고 행동해야만 세상이 바뀐다. 낙태죄 폐지 피켓팅을 하면서 예전보다 응원해 주시는 분들이 많아지고 있다. 이러한 흐름은 2004년 호주제를 폐지했듯이 2020년 낙태죄 폐지를 이끌어냈다. 갑자기는 아니지만 세상이 조금씩 변하고 있다고 느끼면서 김민문정 대표가 말한 활동을 통해 얻는다는 이야기가 무슨 의미인지 요즘에야 좀 알 것 같다.

하지만 또 그와는 반대로 자본과 결탁한 가부장 사회는 이익을 위해서라면, 피해자에게는 관심을 두지 않고 수단과 방법을 가리지 않는다. 코로나19로 학교폭력은 줄었지만, 디지털 성폭력은 너무 많이 증가했다고 한다. 텔레그램 n번방 사건 이후에도 비웃듯이 범죄방법은 갈수록 더 정교해지고, 더 악랄해지고, 피해자의 연령이 더 어려지고, 디지털에 의한 여성 착취가 갈수록 심해지고 있다. 이러한 요인이 더욱더 나를 활동으로 견인한다.

부정의한 것들에 대해 알아갈수록 더 분노하고, 활동에 필요성을 느끼지만 때로는 마음만큼 따라주지 못하고 버거움을 느낄 때도 있다. 그래도 민우회를 만나고, 여성학을 만나고, 동기들을 만나고, 김민문정 대표를 만나서 서로 보듬고 연대하며 힘을 얻을 수 있어서 다행이다. 여성학에서 만난 교수님도 나에게 무한 애정과 지지를 주셨다. 과히 인생 스승이라 할 정도로, 교수님의 전폭적인 지지는 활동가로서 생을 마감해야겠다는 다짐을 더 견고히 할 수 있었다. 힘에 부칠 때 위로하며 지지해줄 수 있는 자매들, 혈연으로 맺은 가족이 아니더라도 내 편이 될 수 있으며 이 안에서도 충분히 행복하고 즐거울 수 있음을 느낀다.

내가 경험한 페미니즘의 현장인 민우회와 실천여성학의 공간에는 서로가 서로에 대한 존중과 배려가 있다. 페미니스트들과 함께하는 장소가 안전하다고 느끼면서 조금씩 나의 이야기를 할 수 있었다. 그곳은 누구에게도 말할 수 없었던 남들과 다른 내가 살아온 이야기를 할 수 있는 안전한 장소였다. 나를 점검하지 않아도 되는 곳, 사회에서 배제되고 억압되었던 소수자의 삶 이야기를 들어 주는 곳이었다.

그렇지만 이 안에서도 권력관계가 형성될 수 있음을 인정하고, 항상 점검해나간다. 권력관계로 인해 불편한 상황에 대해 이야기하지 못할 수 있다는 것을 민감하게 생각한다. 민감성에 피곤해지고 지치고 앞으로 나아가는 게 좀 더딜 수는 있지만, 이러한 부분도 놓칠 수 없다. 이러한 사람들의 마음을 모아 진정한 민주주의가 실현되는 세상을 만들기 위해 페미니즘 안에서 나의 제2무대는 시작되었다.

내가 경험한 페미니즘 안으로 더 많은 사람이 참여할 수 있도록, 생을 마감하는 날까지 페미니스트로 활동하기 위해 오늘도 자매들과 함께 피켓을 들고 광장으로 힘차게 발길을 내딛는다.

더는 피켓을 들지 않아도 되는 날을 바라며….

과정을 통해 배우고
변화를 목격하다

NGO리더 김민문정

2011 ~ 2013	고양파주여성민우회 대표
2012 ~ 2013	고양시민사회연대회의 공동집행위원장
2014 ~ 2017	한국여성민우회 공동대표
2017 ~ 2020	YTN DMB 시청자위원회 위원
2017 ~ 2018	서울시성평등위원회 위원
2018 ~ 2020	시민사회단체연대회의 공동대표
2019	#미투운동과함께하는시민행동 공동대표
2012 ~	한국여성민우회 상임이사
2020 ~	EBS 시청자위원회 위원
	한국여성단체연합 공동대표

여성운동을 시작하게 된 계기는 무엇인가요?

 저는 본격적인 여성운동을 고양여성민우회에서 시작했고, 현재까지 활동을 쭉 하고 있어요. 개인적으로 사실 학생운동을 했고요. 학생운동을 하게 된 계기는 좀 웃긴데(웃음), 고등학교 교과서에 조국 순례 대행진이라는 기행문이 있었어요. 일정 기간 동안 국토를 순례하면서 걷는 내용의 그 기행문이 매력적이었어요. 아, 이거를 대학에 가면 꼭 해봐야지 해서 찾아봤는데, 동아리에 가입해야 그 순례를 할 수 있는 거예요. 그래서 가입한 동아리가 '난지' 있잖아요. 옛날에 쓰레기 산이었던 시절에 교회 공부방에서 그 아이들, 거기 자녀분들 공부를 봐주는 활동을 하는 동아리였어요. 그 동아리가 운동권 동아리더라구요. (웃음) 그래가지고 자연스럽게 학생운동을 하게 됐어요. 그때까지는 여성의식이 있는 편이 아니었고, 여성학을 공부하지는 않았어요. 자연스럽게 연애하고 결혼하고 아이 낳고 이런 과정들을 아무 의심 없이 가지고 있다가 결혼을 했는데, 결혼하고 나니까 세상이 너무 달라지더라고요. 그래서 '이게 뭐지?' 이런 의문이 들기 시작했고, 알고 있던 여성민우회를 찾아갔어요.

Q 민우회를 찾아가셨을 때가 몇 년도였나요? 결혼하고 세상이 달라져서 민우회에 찾아갔다고 하셨는데, 어떤 게 달라진 건지 설명해 주실 수 있나요?

A 2001년도요. 여성의 삶이 자각되었던 것 같아요. 그전의 삶은 저 개인의 주체적인 선택이 가능했던 삶이었다면 결혼하고 나니까 갑자기 며느리 역할, 엄마 역할, 그 속에서 남성과 나의 차이가 실감나게 느껴졌어요. 주요하게 갈등이 됐던 것은 성과 관련된 문제들이었어요. 이전에는 자매들뿐이어서 남성의 성문화를 직접 접해볼 기회가 없었는데, 동영상을 보거나, 단란주점 가는 문화를 알게 되었을 때 충격이었죠. 민우회 가서 여성주의를 접하면서 '이게 도대체 어떤 문제 때문에 일어나는 일이구나'를 알게 됐고, 그게 나 혼자 경험하는 게 아니고 이 구조 속에서 남성과 여성이 다른 인식과 경험을 가지고 있다는 것을 알았죠.

Q 민우회에서는 어떤 활동부터 시작해서 상근활동을 하신 건가요?

A 제가 처음 활동한 곳은 민우회 안에서도 여성인권위원회였어요. 여러 위원회가 있었는데, 여성인권위원회는 여성인권에 관한 공부도 하고, 관련된 활동도 하고, 주로 섹슈얼리티에 관련된 활동과 성교육에 관련된 활동도 하는 곳이었어요. 그것과 더불어 지역자치위원회활동도 시작했어요. 지역에 의회 방청 가고 그런 활동

을 했어요. 첫 번째 했던 활동은 '예산에도 성이 있다!'로 예산 분석을 했어요. 정책과 예산이 어떻게 만들어지고 있고, 그것을 하고 있는 사람들이 얼마나 엉망인가를 알게 됐고요. 하여튼 너무 재미있었어요. '부당하고, 불편해'라는 문제의식을 공부하면서 알게 됐고, 그러면서 그 부당함을 바꾸는 활동을 한다는 자체가 신나고 재미있었고, 그래서 거의 매일 나갔어요. 상근활동가처럼, 민우회에서 하는 모든 활동에 참여하고 그런 활동을 너무너무 열심히 했고요. 열심히 하던 과정에서 여성인권위원회가 준비했던 게, 성폭력상담소를 만들자고 해서 위원회 사람들이 상담원 교육을 받았어요. 한국여성민우회에 가서 상담원 교육을 받으면서 상담소 개소 준비를 했고, 그런 과정에 열심히 참여했죠. 그러다가 2003년부터 상근활동가가 됐어요.

Q 민우회 처음 활동하시면서 가장 의미 있다고 생각하는 부분은 무엇인가요?

A 제가 좋고 의미 있다고 생각하는 것은 사람들이 민우회에 와서 같이 공부하고 활동하면서 변화하고 자신감을 얻고 자기를 찾아가는 모습, 그것을 보는 게 좋고 좋은 지점이에요. 민우회에 와서 그동안 하지 못했던, 말하기 어려웠던 얘기를 자유롭게 할 수 있게 되고 그러면서 '이게 자기만 혼자 괴롭고 힘든 일이 아니구나', '이게 구조의 문제구나'를 깨달으며 같이 변화하기 위한 무엇을 할

수 있는 공간이라고 느끼고 함께 그런 활동들을 만들었거든요. 그래서 그런 것을 굉장히 의미 있게 느꼈어요.

민우회 처음 활동에서 기억에 남는 일이 있을까요?

상담소 만들면서 힘든 게 있긴 있었어요. 왜냐하면 저는 상담소 활동도 하면서 사무국장도 하고 그랬거든요. 초대 상담소 소장이었던 분이 굉장히 힘들어서 1년 정도 하다가 그만두셨거든요. 초창기 조직을 꾸리고 사람들하고 뭔가 만들어내고 이런 게 쉬운 일은 아니어서 활동하다 보면 그런 일들이 있기는 하죠.

고민으로 잠을 잘 수 없기도 했고. 상담소 처음 만들어지고, 본부 가서 교육받은 사람들을 0기라고 했고, 상담소 만들어지면서 1기하고, 2기하고 활동했던 분들이 오랫동안 길게 했었거든요. 그래서 초창기 상담소를 같이 만들고 자리를 잡고 이런 과정을 같이 찌그락빠그락 했던 게 '굉장히 각별하다' 그런 생각이 들고요. 그런 것이 재미있었고, 저는 숫자를 좋아하는 사람이어서 예산 분석하는 거 재미있었고, 예산 분석하면서 처음 이슈로 잡았던 게 노래하는 분수대 사건이었어요. 노래하는 분수대 싸움하면서 시민운동 상도 받고 이런 과정들이 있어서 나름 꽤 재미있게 활동했어요. 초창기여서 변화할 수 있는 게 많았어요.

Q 민우회 활동하시면서 페미니스트라고 주변 지인들과의 관계가 달라지지는 않았나요?

A 페미니스트라고 말한 거는 오래 지 않아요. 페미니스트가 아니라고 생각한 건 아니지만, 그런 표현들을 쓰는 게 익숙하지 않은 시절이었고, 성찰하고 살피는 스타일은 아니고, 인간관계가 원래 넓은 편도 아니어서…. 저는 현재형인 거 같아요. 그런 관계들이 많이 있는 건 아니고, 사람은 변하고 발전한다고 생각하는 사람이고요. 지금 마음에 안 든다고 관계를 끊거나 그런 건 아니에요. 중학교, 고등학교, 대학교 친구도 다 만나요. 대화할 때 불편한 지점도 있지만, 그런 게 그 사람이 살아온 경험과 맥락 안에서 구조 안에서 그냥 적절하게 나의 경험과 그런 것을 이해할 수 있으면 좋고, 저희 언니들이 너무 가르치려고 한다고 할 때도 있어요.

Q 일과 공부를 병행하면서 어려운 점이 있었나요?

A 그때는 좀 힘들긴 했죠. 안 하던 공부를 하려니까 좀 그랬고, 그리고 활동하면서 했기 때문에 사실 주말이나 밤에 공부해야 했어요 그런 상황 때문에 힘들기는 했는데, 재밌게 공부했어요.
돌봄이나 가사노동은 아이가 어릴 때 같은 경우는 저녁 챙기고 뭐 이런 거는 같이 사는 사람이 좀 일찍 오는 편이라 해결을 해준 게 있고, 한편으로는 동네 친구 네트워크, 저의 친구 네트워크가 아니라 애 친구 네트워크의 도움을 좀 많이 받았어요. 그리고 그냥 원래부터 안 해 먹고 사는 집이어서요….

Q 공부할 때 경제적 어려움은 없으셨나요?

A 그렇진 않았고요. 저희 때는 두 학기만 장학금이 있고, 나머지는 자비로 부담했기 때문에 사실 빚 내서 공부했죠. 빚을 내서 했으니까 어려움이 있었죠. 생계유지까지 영향을 끼치지는 않았지만, 대학원이 은근히 학비가 비싸잖아요. 단체활동하면서 활동비가 있다고 해도 거의 뭐 경비 쓰면서 활동한 게 많잖아요. 공부, 학비까지 대고 그러면서 그때는 할부의 삶을 살았죠.

Q 공부와 일을 병행하면서 시간 관리와 건강관리는 어떻게 하셨나요?

A 운이 좋게도 건강한 편이어서 따로 건강관리는 안 했고요. 시간관리는 활동이 우선이고 공부는 부차적으로, 이렇게 배치를 해야 되는 상황에서 공부를 하기 위해서는 나의 시간을 많이 써야 하는 그런 상황이기는 했죠.

Q 현장 활동가들의 일이 격무인데, 건강한 편이라고 하셔서, 어느 정도로 건강하신지 궁금합니다.

A 지금까지 특별히 병원에 가고 이런 일은 없어요. 활동하면서 움직이는 게 기본적으로 있긴 하고요. 운동이 필요하다 그러면 엘리베이터 안 타고 계단을 올라가거나, 자잘한 조절은 하긴 하죠.

잠 잘 자고, 배부르면 안 먹고, 스트레스 안 받고, 아주 드문 경우에 잠 못 자고 스트레스도 높은 상태일 때, 사실 그런 것도 몇 번 있지 않아요.

Q 페미니즘을 공부한 것이 자신을 임파워먼트 하는 데 어떤 도움이 되었나요?

A 일단 페미니즘 책을 읽은 건 민우회 활동을 하면서 시작했던 거고요. 내가 어쨌든 문제의식을 가지고 활동하면서, '아, 이게 나만의 문제가 아니었구나'를 깨닫고 세상을 다른 눈으로 보게 하는 그런 힘을 갖게 하는 데 도움이 됐고요.

책 한 권 읽어서 내가 힘을 가졌어, 이런 문제는 아니고 일상을 끊임없이 살아가는 과정에서 일어나는 이 일들을 어떻게 해석할 것인가 이런 문제이기 때문이에요. 시대의 변화를 읽을 수 있는 눈과 힘이 늘 필요한데, 그것에 대해서 사실 늘 자신 있게 말할 수 없는 나를 발견하기도 한다는 거죠. 그래서 계속 공부하지만 그게 꼭 책을 읽는 건 아닌 것 같고요.

저는 활동을 통해서 많이 얻고 있어요. 물론 참조하는 책들을 보고 해석해내기도 하지만, 많은 사람과 얘기하는 과정에서 각자만의 여성주의 해석들을 종합하면서 또 나의 해석을 만들어내기도 하니까 그래서 활동이 중요하죠.

Q 한국여성민우회의 활동가 경험은 개인에게 어떤 도움이 되었나요?

A 제가 변하고 성장하고 있다는 걸 느끼게 해주고 있어요.
특히 여러 활동가와 함께 활동하면서 그런 감각들을 갱신하게 하는 그런 기회라고 생각하고 있어요. 그래서 많은 도움을 받고 있지요. 민우회 같은 경우는 특히 연령층이 다양해서 사회를 보는 시각이라거나 이슈를 보는 감각 같은 것들을 일상에서 많이 얘기하고 어떤 활동들을 할까 뽑아내는 논의를 자주 하니까 그런 과정이 저에게는 새롭고요.

Q 활동하면서 길을 잃었던 적이 있으신가요?

A 길을 잃는 일은 수시로 있긴 하죠. 어떤 활동을 해야 되는데, '이걸 어떤 방향으로 활동해야 하나' 하며 때로는 돌아보니까요. '이렇게 활동하는 것보다 이렇게 하는 게 좋았겠구나'처럼 뭐 이런 것이 길을 잃은 표현하고 만나는 표현인 것 같아요.
사람이 함께 사는 세상이잖아요. 운동조직은 상황에 대한 판단, 방향에 대한 판단, 그런 거를 하나하나 조율해서 방향을 잡는 게 쉽지는 않아요. 이거는 모든 인간 사회가 마찬가지겠지요. 성향에 문제도 있고…. 그래서 어렵죠. 어떤 조직이든지 권력 관계 같은 게 있으니까 그 안에서 나의 역할, 위치성을 파악하고 어느 순간 만만한 게 아니구나 느껴지는 게 있어요. 그렇긴 한데 사실 큰 틀에서 같은 방향을 바라보며 함께 가는 거고, 작은 차이를 극복해가는 과정을 갖는 그 안에서의 나의 성장, 그런 걸 같이 보면서 긍정적으로 생각하고 사는 거죠.

저는 운이 좋다고 생각해요. 왜냐하면 대표들은 임기가 끝나면 그 다음 활동을 어떻게 해야 하나 막막해요. 저 같은 경우는 '그런 시기가 딱딱 맞았다'라고 할 수 있어요. 여성운동이 좋고 늘 하고 싶지만 역량이 된다고 하더라도 이게 시기적으로 안 맞으면 안 되는 경우가 있거든요.

저보다 훨씬 역량 있고, 능력 있는 분들이 시기가 안 맞아서 못한다거나 이런 일들이 있는데, 저 같은 경우는 임기가 끝났을 때 다른 자리에서 계속할 수 있는 여건이 됐던 거예요.

단체활동을 오랫동안 하셨는데, 가장 기억에 남는 사건이나 경험은 무엇인가요?

이게 참 어려워요. 너무 많아서요. 저는 뭐 2019년 4월 11일이 기억에 남아요. 낙태죄 관련해 헌법 불합치 판결이 나던 순간이나 2월 안희정 2심 판결 날 때도 그랬고 대법원 판결도 그랬고, 뭐 그런 순간순간들이 있어요. 2018년 미투 때 2018분 말하기 대회도 기억에 남아요. 그런 '아, 이렇게 사람들이 변하고 변화를 만들어 내는구나'라는 걸 깨닫는 순간. 그런 순간이 인상적이죠.

 활동하면서 보람을 느꼈던 지점은?

 최근에는 미투 때 힘을 얻고 그랬어요. 미투 운동 같이 하면서 이전에는 개별 단체 중심의 활동이었다면 미투 운동 때는 여러 단체가 같이 모여서 같이 만들어내는 과정이었는데, 그런 경험은 새롭기는 했거든요.

지역에서 연대 활동도 하긴 하지만, 그렇게 밀도 있게 같이 만나서 뭔가 같이 기획하고 만들어내고, 이런 경험이 많지 않았는데 미투 운동이 그런 경험을 만들어줬어요. 그때 새벽이나 밤늦게 만나서 고단한 시기이긴 했는데, 그래도 여러 단체들이 같이 모여 같이 시간들을 보내면서 '함께하는 사람들이다'라는 것에 대한 신뢰도 많이 쌓이고 그런 시간들이었죠.

참 싱겁게 끝나긴 했지만, 그래도 우리가 하려고 했던 것들 중에 하나가 대검찰청 기습 시위한 거. 사실 대검찰청은 기습 시위하고 이러는 공간이 아닌데 그때는 민우회에 있었으니까 '지금은 아주 상징적인 싸움을 해야 하고, 사람들의 분노를 폭발시켜야 한다' 라고 생각했어요. 그래서 제가 또 열심히 "우리 들어가야 된다. 10 명은 가야지" 하며 다 전화해서 "다 가자고!" 짜고 했거든요. 사실

들어갈 때 생각은 '요 타임에 우리가 끌려나가야 한다' 이렇게 생각하고.

답사하고 들어가기로 했는데, 우리가 떠들고 하면 잡혀 나올 줄 알았죠. 우리가 끌려 나오는 장면을 보고 뭔가 사람들이 분노할 거라고 기획하고 들어간 거예요. 그랬는데, 민원실에 민원 보러 간 사람처럼 들어가 앉아 있다가 땡 하고 딱 펼쳐 들고 하니까 직원들이 놀라서 펼치지 못하게 막았어요.

'우리가 그러면 언제까지 여기 버텨야 하냐, 우리가 며칠을 버티면 끌려나갈 것이냐' 생각하고 있는데 경찰까지 출동했어요. '절대 잡혀가면 안 된다' 의지를 다졌는데 아무도 우리한테 손을 안 댔어요. 그냥 걸어 나왔죠. '우리가 끌려 나오면 대검찰청 앞에 여성들이 퇴근 후에 몰려들 것이다'라고 생각했는데, 그게 안 됐죠. 그래서 들리는 얘기로는 검찰총장이 "절대 손대지 마라" 이랬다고 하더라고요.

 단체활동 중 가장 힘들었던 문제는 무엇인가요?

많은 사람들의 의사나 욕구를 반영한 활동을 만드는 과정. 그게 좀 어려웠어요. 사실 10명이 모이면 10가지 의견이 있잖아요. 10가지 의견을 다 반영하기는 굉장히 어렵고요. 합의를 해서 우선순위를 정하거나 아니면 하나로 통일해내거나 이런 과정들을 거쳐야 하는데 사실 그런 게 이제 어떤 운동, 어떤 활동을 할 것인가,

활동의 주제와 관련된 것이 될 수 있고, 운영과 관련된 얘기가 될 수도 있고, 굉장히 다양하잖아요. 그런 다양한 것들을 논의를 통해 같이 만들어가는 과정, 이것이 의미가 있으면서도 빛이 나는 과정이지만 어려운 것 중에 하나인 것 같고요.

또 하나는 사실 단체이다 보니까 재정의 문제가 어렵기는 하죠. 이게 사실 자체적으로 독립적으로 재정을 할 수 있어야 하는데, 현실적으로 여성들에게 자원이 있는 사회가 아니다 보니까 상대적으로 우리 활동의 자원을 만드는 과정이 쉽지는 않고, 활동가들의 지속 가능한 활동의 조건들을 만들어야 하기 때문에 어려운 부분이 있어요.

Q 가장 힘들었던 문제가 의사결정과정과 단체 재정이라고 하셨는데, 어떤 방법으로 해결하시나요?

A 주로 대화를 나누는 방법밖에 없어요. 재정도 얘기해서 하는 거죠. 이 조직의 성격, 특성을 같이 이해하는 게 중요해요.

일반 기업체 같은 경우는 사장이 그런 역할을 하지만 사실 우리 조직 같은 경우는 뭐 그렇게 할 수 있는 곳이 아니기 때문에 결국은 '우리의 활동자원은 우리가 만들어서 해야 한다'라는 인식을 공유하고 그 자원을 우리는 어떤 방식으로 어떻게 만들어낼까를 같이 아이디어 짜내는 과정을 거치면서 활동비를 마련하니까요.

예를 들면 이런 인터뷰를 하면 인터뷰 온 분을 회원가입 시켜요.

이런 회원가입 권유 과정을 자연스럽게 자기 역할로 인지하는 거죠. 또 하나 예를 들면 작년, 재작년 같은 경우 낙태죄와 관련 이슈로 많이 활동했잖아요. 거기에 돈이 필요하기 때문에 그 자원을 마련하기 위해서 온라인 모금함을 연다던가, 이런 장치들을 통해서 우리가 자원을 마련해야 한다는 인지가 많이 되어 있어요.

그래서 사업을 기획할 때도 어떻게 이 사업의 비용을 우리 스스로 마련할 것인가에 대한 아이디어를 계속 내고 또 만들고 이런 작업을 해요.

모든 구성원들이 이 조직을 어떻게 운영하는 것이 바람직한가에 대해 고민하죠. 국가의 예산지원을 받거나 기업의 돈을 받으면 우리가 제대로 비판하거나 우리의 목소리를 내기 어렵다는 것을 인지하고 있거든요. 그래서 우리 스스로 어떻게 시민자본을 만들 건가 고민하는 과정이 있어요.

 활동하시면서 힘이 빠질 때가 있었나요?

사실 이번에 낙태죄 폐지 정부 개정안 나왔을 때 실망하고 분노하고 그러긴 했어요. 정부가 그런 입법안을 만들고 있다는 건 알고 있었고, 그래서 다방면으로 역할을 하긴 했거든요. 그 방향을 바꾸는 게 필요하다고 해서 법무부 장관도 만나고 권고 위원회도 만들어냈어요.

작년에 낙태죄 대안 입법 논의할 때 민우회에서 292조 1항, 270조

1항 전체 삭제를 제안했어요. 사람들이 '그게 어떻게 가능해?' 이런 분위기이긴 했어요.

그런데 작년 한 해 동안 법무부 장관이라던가, 법무부 양성평등정책 위원회 등이 사실 사전 모임도 하고 여러 절차에 걸쳐서 권고까지가 만들어지긴 한 거거든요. 그래서 '변할 수 있겠구나'라는 희망을 가지게 되었고 정부도 법무부가 키라고 계속 얘기를 했었기 때문에 '법무부와 대화하면 되겠지' 했는데, 입법안이 그렇게 나온 걸 보면서 참 '이게 아니긴 하구나' 하면서 약간 허탈하기도 하고 그런 시간이긴 했죠. '주류 남성 사회에서는 여성의 목소리가 여전히 중요하게 고려되거나 들리지 않는구나'를 확인하는 과정이었죠.

Q 활동하면서 에너지가 소진되었을 때 에너지를 충전하는 방법이 있으신가요?

A 요즘에는 드럼을 쳐요. 2년 반 정도 쳤어요. 처음 시작은 민우회에서 프로그램을 같이 하면서 활동하는 분들하고 버킷리스트를 써 놓은 게 있는데, 몇 년 전에 우연히 짐 정리를 하다가 발견했어요. 그 리스트 중에 드럼 치기가 있었어요. 제가 몇 년 전부터 버킷리스트에 써놓은 걸 하나씩 실행하고 있거든요. 그래서 암벽 등반도 했고요. 몇 달 했다가 어깨 아파서 이거 하다가 병원 가겠다 해서 중단했고요.

드럼도 시작하면서 3년은 해야지 목표를 세워 계속하는 거예요. 약간 머리 복잡하고 이럴 때 아무 생각 없이 하기 참 좋아요. 그리고 운동도 되고, 사장님이 연습실 키를 주셔서 늦게까지 드럼을 칠 수도 있어요. 강습은 못 해도 늦게 오가다가 잠깐 스트레스 해소하러 올 수 있는 장점이 있어요.

그다음에 또 하나는 멍때리면서 드라마 보기 이것도 잘하는 것 중에 하나예요. 저녁에 늦게 와서 10시 되면 틀어놓고 앉아 있어요. 아침에 나가야 되니까 늦게까지 보진 않아요. 리스트에 몸으로 하는 게 많더라고요.

몸을 쓰는 걸 좋아하는 사람이구나 버킷리스트를 보면서 생각했어요. 서핑보드는 해보니까 영 아니어서 포기했어요.

Q 최근에 가장 크게 웃었던 적이 있으세요?

A 단체활동하면 몇 주년 행사라고 축하 영상 보내달라고 하는 그런 일들이 있어요. 그래서 활동가들하고 모 여성단체의 창립 축하 영상을 찍었는데, 그거 찍고 나서 보니까, 표정들이 너무 웃겨서, 쳐다보면서 웃다가 울다가 했어요.

활동하면서 소소하게 생기는 일들이 웃을 일들이죠.

Q 영페미분들은 활동하면서 백래시 상황에서 위협을 느끼기도 한다고 하는데, 민우회 활동가들은 그런 경험이 없나요?

A 저희 같은 경우는 영페미분들과 차이가 좀 있어요.

단체활동가들 같은 경우는 잘 안 건드리는 것들이 있는 것 같고, 강남역 사건 때 보면 개인 같으면 온라인에서 테러에 가까운 이런 것들을 경험하는데, 저희 같은 경우는 사실 조직이 드러나지 개인이 드러나는 형태는 많지는 않아 위협을 느끼는 경우는 거의 없는 거 같아요.

Q 민우회에서 20년동안 활동하시다가 이번에 한국여성단체연합으로 옮기셨는데, 여성단체활동은 언제까지 하실 거 같으세요?

A 제 임기까지만요. 사실 솔직히 말씀드리면, 제 역량이 부족하다 느끼기도 해요. 조직이 큰 조직으로 옮겨오는 거잖아요.

고양에 있을 때는 요만큼의 역량만 있으면 된다고 했는데, 한국여성민우회에 가니까, 그 역량보다 더 많은 역량이 필요했고, 지금 여성단체 연합은 훨씬 더 큰 역량이 필요하다고 느껴요.

조직의 특성과 위상에 맞는 역량이 하루아침에 되진 않거든요. 그래서 그런 면에서 '내가 많이 부족하구나' 이런 게 느껴지는 순간도 많아요. 그래도 같이 활동하는 사람들과 의지하고 '같이 만들어가면 되지' 하면서 하고 있어요.

지금 전체적으로 여러 가지 환경의 변화 속도도 너무 빠르고, 여성운동 안에 지형도 굉장히 복잡하고 정책도 굉장히 많이 넓게 변하고 있어요. 그렇다고 지금 상황에서 '몸을 부수면서 일을 해서 따라가리라' 이러진 않고요. '제가 할 수 있는 역량만큼 하고 적절하게 떠나는 것이 좋겠다' 이렇게 생각하고 있어요. 대표는 임기가 있으니까 '그 시기까지만 내가 역할을 잘하면 되겠지' 해서 '다행이다' 싶기도 하고, 활동가들이 계속 성장하고 있으니까 더 잘할 사람들이 있으면 좋고 안 되면 어쩔 수 없고. 이런 성향이라 제가 스트레스를 잘 안 받아요.

제가 목표치가 높아서 그거를 '기어코 해야 해!' 이런 완벽주의자도 아니고 그냥 내 그릇을 빠르게 인정하는 타입이라고 할까. 그래서 임기만큼, 역량만큼 할 생각이에요.

Ｑ 동료가 단체활동을 그만두고 떠나면 혹시 다른 동료들에게 영향은 없나요?

Ａ 음. 이게 누군가 사람이 떠나면 다 영향을 받을 수밖에 없는 것 같고요. 본부 같은 경우는 활동가들이 떠나는 이유들 중에 하나가 '내가 이 조직에서 의미 있는 존재인가'라는 고민들을 하는 게 좀 있어요. 그래서 사실 처음부터 활동을 잘할 수는 없으니까 함께 활동을 만들어가지만 개인들이 노력해야 하는 부분도 많기 때문에 일정 연차가 좀 되면 '내가 여기서 계속 의미 있는 활동을 할 수 있나?' '나의 역량이 좀 부족하지 않은가?' 하는 이런 고민들을 하는 활동가들이 있어요.

활동가로 활동하면서 필요한 역량이 활동 역량도 있지만 리더십을 키우는 과정도 굉장히 필요한데 그 리더십을 성장하게 할 수 있는 기회라고 하는 게 되게 제한적이에요.

한편에서는 우스갯소리로 사무국장도 맡아야 되고, 소장도 맡아야 되고, 대표도 해야 되고, 뭐 이러는데, 사실 제일 하기 싫은 건 대표이긴 하죠. (웃음) 그래서 그런 부담과 책임이 좀 부담스러워 가지고 나가는 경우도 있기도 하고 그리고 뭐 활동하다 보면 본인이 요런 활동보다는 공부를 더 하는 게 좋겠다는 뭐 새로운 비전 때문에 나가는 활동가들도 있고, 그런 것은 뭐 자연스러운 과정이라고 이해하기도 하고요. 어쨌든 뭐 늘 같이 활동하던 사람이 떠나면 뭐 심리적 어려움이 있을 수 있는 것 같은데 동요라고 할 만한 것은 있지 않았던 것 같아요.

Q 페니미즘 리부트 이후 페미니즘의 지형 변화가 일어나고 있는데, 소속된 단체나 개인 활동가에게 변화가 있나요?

A 변화가 있었지요. 민우회 같은 경우는 2015년 메갈리아 이후에 갑자기 회원들이 많이 늘어났어요. 후원도 많이 늘어났고. 올해부터는 약간 좀 빠지고 있고. (웃음) 회원들의 수 또는 후원의 변화, 이런 걸 좀 느낄 수 있었고요.

그리고 또 교육이나 행사할 때 굉장히 많은 사람들이 오는 거. 이전에 교육할 때 30~40명 왔다면 이제는 200여 명 신청하거든요. 그래서 저희가 이 흐름 속에서 '이 흐름을 조금 더 대중화하는 데 역할을 하자' 싶어서 '다시 만난 세계'라고 페미니즘 입문 교육을 몇 년째 하고 있거든요. 무료 교육이지만 굉장히 많은 사람들이 오는 걸로 봐서 긍정적인 변화들이 있죠.

Q 1987년도에 만들어진 민우회를 아직까지 모르는 사람들이 많더라고요. 저도 몇 년 전까지만 해도 몰랐어요. 사람들이 알게 하고, 함께 참여하게 하려면 어떻게 해야 할까요?

A 활동을 열심히 하시면 돼요. 활동을 열심히 해야 그 활동이 언론 매체에 소개되고 그 활동을 통해서 사람들이 알지 않을까요? 민간조직들은 사람들이 알 수 있는 경로가 많진 않잖아요? 사실 활동하면서 그게 사회적으로 중요한 이슈로 부각되고 그런 활동을 통해서 '저런 것도 있구나' 이런 거지. 우리가 신문에 광고를 하겠어요? 활동하는 사람들이 이게 의미 있다고 생각하고 알음알음 소개하는 거라고 생각해요.

제가 여성단체활동을 권하는 것도 '내가 의미 있다'라는 것을 인식하고 함께 활동할 수 있는 방법은 많이 이야기하는 것밖에 없거든요.

"나 민우회 활동해"라고 말하는 사람이 많을 수 있는 조직이 좋은 거죠. 소수 몇 명만이 활동하는 게 아니고 보다 많은 사람이 이 조직에서 즐겁게 활동하는 것이 의미 있는거죠. 정말 작은 민주주의를 경험하는 장이거든요. 여성주의를 경험하는 장이고, 다른 영역에서 활동하는 것과 뭔가 다르기 때문에 이런 의미 있는 곳이 더 많이 확산됐으면 좋겠어요. 그래서 저는 교육도 중요하지만, 활동도 중요하다고 생각해요. 교육은 일방적으로 하는 거라면 활동은 활동 속에서 사람들이 느끼고 성장하는 거라고 생각하거든요. 그래서 그런 활동이 다양한 게 좋아요.

Q 사실 제 주변에도 여성혐오 발언을 한다든가, 대화가 안 되는 사람들이 있거든요. 그래서 관계를 끊고 싶을 때도 있어요. 그래서 고민이죠.

A 사람이 금방 바뀔 순 없어요. 인식과 환경 같은 게 있는 거잖아요. 그런 분들도 여성주의를 만날 기회가 없는 거거든요. 내가 그랬다고 해서 그 사람들을 깨우칠 수 없거든요.

여성들은 어떤 지점에서든 여성으로서의 자기 포인트는 있어요. 다 주류 사회의 담론, 주류 사회인식과 똑같이 생각하는 건 아니에요. 어느 한순간은 자기 질문과 고민들이 있거든요. 그런 질문들을 갖게 해주는 게 역할이라고 생각해요. 여성운동도 마찬가지고요. '이게 옳아' 이게 아니고, 그 사람의 경험 속에서 '아, 이거 이상했는데 얘기 듣다 보니까 그게 그러네' 이런 공감을 얻어낼 수 있는 이런 포인트를 찾아내는 거. 그렇게 하나의 질문이 생기면, 두 개의 질문, 세 개의 질문이 생기고 나갈 수 있는데, 그런데 가르치려고 하면 서로 대화가 안 되긴 하는 거죠.

민우회도 다르지 않아요. 처음 민우회에 갔을 때를 생각해봐요. 지금 내 생각이 여성주의를 알고 변화하기 전하고 똑같진 않잖아요. 여성주의를 접하지 않은 사람들도 그런 상황일 거고, 그런 계기가 있느냐, 아니냐의 차이라고 생각해요. 제가 대학 다닐 때 조국순례대행진을 안 갔다면 나는 다른 삶을 살았을 수도 있다고 생각해요.

거기가 운동하는 조직이었으니까 그렇게 했지 내가 다른 조직을 갔으면 다른 삶을 살 수도 있는 거거든요. 그 계기들을 이왕에 많이 가지면 우리가 생각하는 좋은 세상이 오기는 올 거잖아요. 그래서 그렇게 생각하면 편하답니다. 내가 만약에 '저 사람 왜 그래?'라고 생각하면 나도 답답하고. 화가 나고, 저 사람 만나기 싫고, 그렇게 되는데, '어느 순간 계기를 만나면 이 사람도 나랑 비슷한 생각으로 옮겨올 수 있을 거야' 이렇게 생각하면 좀 편해요.

어떨 때는 나 자신이 계기이고요. 제 주변 사람들 보니 자녀가 계기예요. 딸 있는 집은 계기가 그런 역할을 하기도 해요. 이게 어떤 계기로 그런 게 갈지 모르는 거라 누구는 책일 수 있고, 누구는 영화일 수도 있고, 누구는 단체일 수도 있고 그래서 그렇게 생각하면 편해요. 관계 맺을 때 '나는 다 알고, 저 사람은 몰라' 이렇게 관계를 맺으면 관계 자체에 위계가 생기기 때문에 대화 자체가 잘되지 않을 거예요. 그럴 때 어떻게 해야 되는가를 성찰하는 게 운동과 다른 힘듦이 있죠.

그럼에도 불구하고 '너무 힘들어', '내가 굳이 그 힘듦을 감수해야 하나?' 생각이 든다면 때로는 거리 두기를 해도 된다고 생각해요.

 여성운동을 해보고 싶은 분들에게 전하고 싶은 말이 있으세요?

 저는 "과감히 도전해봐라"라고 얘기해주고 싶어요. 제가 추천하는 게 두 가지 있어요. 한 가지는 여대 가라. 또 한 가지는 여성운동 해라. 주변에 대학교 갈 시기를 앞둔 여성이 있으면 여대를 권하죠.

저는 '약간 운이 좋다' 이런 생각을 하기는 해요. 어렸을 때 자매들 중심의 커뮤니티 안에서 성장한 것, 가정폭력도 없었고. 개인적으로 사실 재미있고, 빛나던 거는 대학생 때라고 생각하기도 해요. 1987년도에 학생운동했고요. 여대를 다녔고요. 그때가 저에게는 인생에서 중요한 전기 같은 거였고, 그 경험이 굉장히 좋았어서 그것이 계속 활동할 수 있는 자원이 되었고, 여대 다니면서 했던 활동들이 여성운동의 토양, 그런 경험들이 활동하면서 자원이 됐어요. 여성들과 연대하면서 의미 있는 활동들을 했고, 그것이 의미 있는 경험이 됐지요.

저의 경험과 그 사람의 경험은 다를 수 있기 때문에 내 경험에서는 참 좋았어요. 그렇지만 꼭 가라 이런 건 아니고요. 여성단체도 마찬가지인 거 같아요. 똑같은 여성단체 활동을 해도 누구는 '굉장히 힘들었어' 하는 사람이 있기도 하고, 누구는 재미있어서 오래 하는 사람도 있고 이런 거잖아요. 사람 따라 다르긴 한 거라. 그

리고 여성운동이 되게 열악해서 재정적으로 해결할 때는 힘들긴
해요. 그래서 많은 사람에게 아쉬운 소리를 해야 할 때 그런 거를
알고 선택했으니까 감당해야지 하면서 지나가기도 하고요. 나의
경험에서는 '이러이러한 게 좋았어'라고 얘기하고 권하죠.

한국여성민우회

한국여성민우회는 성평등이 구현되는 민주 사회와 여성 대중 운동을 목표로 하여 활동하는 여성단체, 한국의 민주화 운동에 참여한 여성 지식인을 중심으로 하여 결성된 여성 평우회가 1987년 조직을 개편하여 현재의 이름으로 창립했다.

차별 없이 평등하게 공존하는 세상을 향해 각자의 존엄성을 지키며, 성평등한 노동권, 일과 생활의 균형을 위한 활동, 여성이 자신의 몸과 건강의 주체가 되는 활동, 성인지적 관점으로 미디어감시 활동, 성평등 관점으로 복지국가를 기획하는 활동, 성폭력 없는 세상을 만드는 반성폭력 활동, 더불어 사는 민주사회를 위한 사회개혁 활동, 풀뿌리로부터 변화를 만드는 신나는 지역여성운동을 만들어간다.

건강, 노동, 성평등복지, 미디어, 반성폭력, 사회현안, 지역여성운동, 교육, 상담활동을 하고 있으며 부설기구로 미디어운동본부와 성폭력상담소를 운영하고 있다. 고양, 광주, 군포, 서울남서, 서울동북, 원주, 인천, 진주, 춘천 파주에 지부가 있으며 각 지부의 홈페이지가 따로 있어 지역적 특성을 바탕으로 활동하고 있다. 더욱 자세한 정보는 한국여성민우회 홈페이지 참조.

홈페이지 주소 http://www.womenlink.or.kr

내가 나를 지지할 때
비로소 도전이
가능해졌다

Interviewer
이기원

1977년 아들 낳기를 바라는 집안에서 1남4녀 중 셋째 딸로 태어났다. 막내 남동생보다 서열이 낮아 늘 차별에 익숙했던 어린 시절, 그 분노의 원인을 실천여성학을 공부하며 찾았다. 결혼과 출산, 그리고 남양주라는 새로운 곳에서 2010년 남양주여성회를 만들어 풀뿌리여성운동을 실천하며 살고 있다. 마을에서 만난 여성들과 울고 웃고 시도하고 망하면서 사람이 태어나고 자란 곳이 고향이 아니라, 살면서 익숙해지고 추억거리가 생기는 그곳이 고향이 될 수 있다는 것을 알았다. 2021년 실천여성학과를 졸업하며 풀뿌리여성회의 마을공동체 참여 경험이 여성주의 의식화에 어떤 영향을 주었는지 연구하는 논문을 썼다.

◇◇◇◇◇◇◇◇

지역에서 여성단체활동을 하다보면 "우리를 지지해주는 의원 한 명만이라도 있었으면…" 하고 바라는 적이 많다. 꼭 필요한 공간을 만들거나 유지해야 할 때, 지자체에서 당연히 지원해줘야 하는 사업임에도 여성단체가 독박으로 책임지며 유지하는 것은 참 많은 고갈과 후유증을 남긴다.

우리를 지지해주고 함께 외쳐주는 한 명의 의원이 절실하다 보니, 누구를 의지하는 것이 아니라 직접 출마를 하기도 한다.

남양주에서 아이를 키우며 갈 곳이 없었던 나는, 어디에 기댈 게 아니라 직접 뭐라도 만들자고 해서 2010년 '장난감도서관'을 설립했다. 문을 열자 하루 70명 가까운 여성들이 아이와 찾아왔고, 그곳을 거점으로 다양한 교육사업, 복지사업들이 진행되었다.

아이를 위한 곳이었지만, 엄마들이 마을에서 안전하게 이웃과 소통할 수 있는 유일한 장소였기에 안정적 운영을 위한 지원이 필요했다. 시장 면담도 하고, 시의원도 찾아다니고, 재정적 지원을 받기 위해 시민들에게 알리고 시민들의 요구를 서명을 통해 입증하기도 했다. 회원들과 주말마다 축제나 벼룩시장이 있는 곳을 다니며 서명을 받았던 기억이 난다. 회원들은 처음으로 낯선 누군가에게 서명판을 내밀며 설명을 했다. 그러나 그 어떤 것 하나 바뀌거나 지원

받지는 못했다. 매월 운영비로 사용되는 200만 원을 감당하기 어려웠다. 결국 6년을 꽉 채우고, 문을 닫았다. 그리고 자치단체는 직영으로 장난감도서관을 개관했다. 그때 참 서러웠다. 아무도 도와주는 사람이 없었다. 투자와 지원이 정치를 통해 이뤄지는 것을 그때 알았다.

시의원들이 찾아오고 시장이 우리 공간에서 떡국을 함께 먹을 때는 지원이 가능할 거라고 생각했다. 그러나 시간이 지나도 변화가 없자 결국 정치라는 것을 알게 되었다. 우리는 '표'에서 밀렸는지도 모른다. 그래도 여성 시의원 한 분이 적극적으로 도와주겠다고 나섰으나 다음 선거에 낙선을 해, 약속을 이어가지 못했다.

정치는 참 많은 변수와 속을 보이면 안 되는 도박 같았다. 내가 가진 패가 얼마나 가치 있는 것인지 보여주면 안 되는, 그런 속임수를 통해 투자와 지원을 받아내야 함을 뒤늦게 알았다.

그래서 직접 출마를 하기도 했다. '누구에게 의지할 게 아니라 직접 시의회로 들어가보자!' 그런 생각으로. 그러나 세상은, 그리고 정치판은 만만하지 않았다. 특히 어떤 기반도, 돈도 없는 젊은 여성이자 아이 엄마에게는 넘어야 하는 난관이 너무 높고 많았다.

낙선을 하고 또 서러움이 몰려왔다. 나를 도와주던 장난감도서관 회원들에게 미안했다.

"젊은 여성이 어떻게 정치를 하나?" 무시하는 말들이 되새김질처럼 나를 눌러왔다. 도와주는 의원이 없는 것보다 직접 해보자고 주변 자원을 모아 도전한 결과가 너무 초라한 것이 몇 배는 더 서러웠다. 지역에서 아이 키우는 여성들이 마음 놓고 편하게 지낼 공간을 만들고 유지하는 것이 왜 이렇게 어려운지, 이걸 시의원이 돼서 해결하려고 시도했던 용기보다 무모함으로 깨닫는 시간은 정말 고통스러웠다. 여성 앞에는 늘 보이지 않은 벽들이 너무 많았다.

여성활동가가 정치인이 되었다면
어떤 차이가 있을까?

그런 경험을 가진 나는, 정유선 의원을 만나러 가는 마음이 복잡하면서도 설렜다. 강원도의회가 있는 춘천을 향해, 열차에 몸을 기대니 춘천이 주는 청춘감성에 기분이 편안해졌고 여성 정치인을 만나 직접 이야기를 나눌 기회가 없다 보니 어떤 정책을 어떻게 펼치고 있을지 기대가 되었다. 분명, 여성단체활동가가 정치인이 된다면 '차이'가 있으리라는 확신이 있었다.

내가 그런 마음이었고, 정유선 의원도 그런 마음과 독기로 그곳에서 자신의 영역을 확장하고 있을 것이라는 생각이 들었다.

사실 나에게는 강사였던 정유선 의원을 몇 번 만난 경험이 있다. 우리 여성회에 성인지 감수성, 성별 영향분석평가가 어떤 것인지 강의했다. 말을 굉장히 잘하고, 환하게 웃는 모습이 오랫동안 기억에 남았고, 원주여성민우회에서 어떤 사업으로 어떤 변화를 만들어냈는지 솔직하게 이야기해주셔서 큰 도움이 되었다. 지역에서 여성

활동은 아이와 함께한다. 그러다 보니 교육도 사업도 아이와 함께
할 수 있는 내용으로 진행된다. 환경, 먹거리, 공동육아 사업은 지역
여성 사업에서 빠지지 않는 부분이다. 그래서 정유선 의원 이야기
는 나의 이야기 같았다. 활동 경험이 같은 지역활동가들은 서로를
애틋하게 생각하게 마련이다. 열정과 헌신, 희생 없이는 살아남을
수 없고, 유지되기 어려운 처지를 알기 때문인 것 같기도 하다.

지하에 위치한 의원실에서, 바쁜 날인데도 나와 마주 앉아 눈을
맞춰주는 정유선 의원님은 여전히 따뜻하고 환했다.

여성활동가에서 정치인 정유선, 많이 변하지 않아서 좋았다. 여성
단체에서는 애원하고 요구하고 또 요구해야 했던 것들이 의원의 말
한마디에 실행되어 분명 '권력'이 있다고 했다. 그래서 여성단체활
동가들이 더 많이 정치에 도전해야 한다고 말했다. 정유선 의원은
한편으로 자신이 '나쁜 엄마'일 수도 있다고 했다. 아이들이 독립해
서 각자의 삶을 살지 않았더라면, '정치를 할 수 있었을까?'라는 생
각도 든다고.

그 말을 듣자, 나의 2014년 출마 경험이 떠올랐다. 큰아이가 4학
년, 둘째가 일곱 살이었다. 아이들이 자는 새벽에 조용히 나와 출근
인사를 시작으로 선거운동을 하면 퇴근 인사와 상가 방문, 식당과
호프집까지 인사를 마무리하고 집에 들어온다. 그러면 밤 10시가
넘는다. 아침에는 남편이 아이들을 등교, 등원시킨다. 오후에는 큰
아이가 동생을 데리고 들어와 둘이 같이 밥을 챙겨 먹고, 숙제하고,

엄마가 들어올 때까지 기다렸다가 잠이 든다. 하고 싶은 이야기가 참 많았을 텐데… 들어 줄 수 없었다. 아이들을 위해 하는 일이었지만, 늘 내 아이들에게 미안함이 앞섰다. 정말 여성들이 정치를 하는 게 맞는 건가? 정치를 할 수 있는 여성들은 솔직히 아이가 없거나, 아니면 아이가 다 커서 자기 일을 알아서 할 수 있어야 가능하지 않을까라는 생각도 많이 들었다.

정유선 의원에게 내가 물었다.
"의원이 되고자 할 때 가장 필요한 덕목은 뭘까요?"
정유선 의원이 나에게 묻는다.
"정치하고 싶으세요?"
순간 나도 모르게 "아니요"라고 대답했다. 출마했을 때의 힘들었던 경험이 아직도 나를 주저하게 한다. 그리고 아직 엄마의 손길을 필요로 하는 아이들이 떠올랐다.
정유선 의원은 "여성단체활동가들은 정치를 안 하려고 해요. 도전하고, 하는 것이 중요하다"고 이야기한다. 여전히 여성들은 고정된 성 역할에서 벗어나지 못하고 있다. 여성 정치는 너무나 좋지만, 그 뒤에 보이지 않는 그늘이 있다.
'나에게 정치란?' 어떤 것에 가치를 두는지, 어떻게 변화를 만들어 내야 하는지, 그것을 위해 나는 무엇을 버려야 하는지의 선택인 듯하다. 우리 사회구조 속에서 여성은 다양한 몸으로 존재한다. 그러니 가정에 소홀한 '나쁜 엄마'가 아니라 사회의 변화를 만들어내는 '멋진 엄마'로 프레임이 바뀌었으면 한다. 남성 정치인에 비해 여성 정치인은 가정의 성 역할에서 자유로울 수 없다. 남녀 차별 없이 정치하는 몸은 정치에 몰입할 수 있는 사회가 되면 좋겠다는 바람을 가져본다.

최근 20대 여성들의 투표에서 진보 성향 지지율이 20대 남성들에 비해 높아지고 있다는 통계를 본 적이 있다. 지난 총선에서는 청년의원들이 국회에 입성하기도 했다. 20대 여성 국회의원과 발맞춰 50대 여성단체활동가들의 정치 입성이 매우 반갑고, 그 안에서 희망이 느껴진다. 좀 더디긴 하지만, 분명 정치로 입문한 여성들은 그 위치에서 애쓰며 변화를 만들어내고 있다.

열정에 불씨를 지필 시간

정유선 의원과의 인터뷰는 식었던 나의 '열정'에 불씨를 지폈다.

내가 사랑하는 사람들이 조금 더 성평등한 사회에서 살기 위해 앞장서는 이들이 있고, 그들과 함께 발맞춰 같이 가는 사람들이 있어야 한다. 지금 단체의 어려움으로 고민하는 갈림길에서 어떤 가치에 중점을 둬야 하는지를 다시금 느낀다.

마을을 변화시키고, 주변을 변화시킬 수 있는 '권력'. 그것에 대해 정유선 의원은 욕심을 내보는 것도 필요함을 우리에게 이야기했다.

그리고 그것이 실패해도 여성단체활동을 하면서 얼마나 많은 재능을 배우며 실천했는데 뭔들 못하겠냐고, 그리고 언제든지 돌아갈 곳이 있으니 도전은 계속되어야 한다고 강조했다.

'그래 여성 정치인은 다르구나…'

이런 만남이 참 값지다. 눈에 보이는 것보다 보이지 않는 진한 감정을 값지게 남겨 준다. 그래, 이래서 사람이 복인가 보다.

'정치인 정유선은 다르구나.'

그녀와 우리의 도전은 계속된다.

실패와 성공 모두 생존의 과정,
정유선은 지금 정치인으로 생존 중

정치인 정유선

2004	원주녹색연합 공동대표
2011	원주여성민우회 대표
2014	강원여성연대 공동대표
2014	원주영상미디어센터 운영위원장
2016	한국성인지예산네트워크 공동대표
2017	성공회대학교 NGO대학원 실천여성학과 졸업
2018	강원도의회 비례의원 당선
2019	강원도양성평등 위원장
2019 ~ 2020	제10대 강원도의회 저출생고령사회대책특별 위원장
2020	더불어민주당 교육연수부원장

◇◇◇◇◇◇◇◇

Q 1980년대라는 시대적 배경에서 여성운동을 만난 계기가 궁금합니다. 어떻게 여성운동을 만나게 되셨나요?

A 저는 대학에 다닐 때도 학생운동을 했어요. 그때 '또하나의 문화'라는 무크지가 나오기 시작했죠. 〈또 하나의 문화〉를 기다렸다가 나오면 사서 읽었죠. 그때는 아무도 여성들의 차이나 차별에 대해서 관심을 가지지 않았어요. 왜냐하면 독재타도, 민주화가 우선이니까요. 늘 여성운동은 부차적인 문제였어요. 저는 여성이라 관심이 있었고, 혼자서 책을 보기도 했어요. 그러다가 결혼하고 여성으로서의 자각이 조금 더 강해졌다고 할 수 있죠.

Q 활동가라고 결혼의 경험이 다르진 않을 텐데 결혼과 출산, 육아…. 어떻게 중심을 잡으셨어요?

A 제가 결혼하면서 서울로 근거지를 다 옮겼어요. 인천에서 활동했던 사람이, 서울로 이사 오면서 순식간에 바보가 되더라고요. 나의 근거 기반이 없어지니까 아는 사람도 없고 사는 곳도 낯설고요. 출판사에서 잠깐 일도 했었는데 그냥 그 안에서 일만 하는 거

예요. 전혀 교류가 없었어요. 아이가 없었을 때는 정말 우울한 삶을 산 거죠. 그때는 그걸 '문제다'라거나 '바꿔야겠다'라고 생각을 못했어요.

왜냐하면 운동을 하다가 그만뒀던 것에 대한 충격도 있었고, 좌절감도 있었거든요. 여러 가지가 복합적이었어요. 그리고 결혼하고 아이 낳고 키우면서도 아이 양육에 집중하게 되잖아요. 그래서 그냥 전업주부의 삶을 살게 된 거죠. '바보 같았다'라고 생각해요. 그냥 아이 키우는 데 집중했고 사실은 사회적 관계망을 만들어야겠다는 생각이 없었어요.

그러다가 둘째가 생기고 나서는 '아, 이렇게 살면 안 되겠다' 싶어 다시 친정이 있는 인천으로 이사를 갔어요. 인천에서 운동하던 사람들과 조금씩 연락을 하고 있었거든요.

그때 인천지역에 인천시민연대라고 있는데, 지금은 사회복지연대로 전국단위 조직으로 묶여 있는 곳이에요.

인천에서 시민운동을 조직하는 시기였고 인천지역에 공동육아 어린이집을 만들겠다고 준비하고 있었어요. 저도 아이를 어린이집에 보낼 때도 됐고 '어차피 애 둘을 서울에서 키우느니 나라도 사람을 만나고 살아야지 이렇게는 못 살겠다' 해서 친정이 있는 부평으로 이사를 간 거예요. 이사 가서 인천생협, 부평생협이죠. 생협활동을 하며 생협에서 먹거리를 먹고 공동육아 어린이집 준비하는 모임도 같이하며 공동육아 어린이집에 아이를 보내고 거기서 시민연대 활동을 하면서 시민단체활동을 다시 시작했어요.

그때 제가 주부들의 '항아리 모임'을 시작해요. 항아리 모임에 참여하는 대부분의 여성은 학교 다닐 때 학생운동을 했던 사람들이고 결혼해서 지역문제에 관심을 갖고 있었어요. 그야말로 시민단체의 여성 모임이었고 대부분 결혼한 사람들의 모임이었지요.

그러면서 여성학 공부를 시작해요. IMF 이후, 예전에 같이 활동했던 사람들과 새로운 시민단체에서 만난 여성들이 여성학 공부 모임, 주부 모임을 만들어서 공부를 시작했어요. 그 모임 사람들과는 여전히 연락하며 살아요. 다른 지역으로 이사 가서도 열심히 시민단체활동, 생협 활동을 하고들 계세요.

Q 인천에서 활동하다 강원도 원주로 활동의 영역이 바뀌셨어요. 어떤 계기가 있었나요?

A 남편이 뒤늦게 한의대에 들어가는 바람에 원주로 이사를 오게 된 거예요. 인천지역에서 활동을 시작하고 일이 너무 재밌어서 "가서 알아서 공부해라 나는 여기서 애 둘 키우며 살 테니까 주말부부를 하자" 그랬죠. 그래서 한 학기는 그렇게 했는데 애들도 어리고 도저히 안 되겠어서 이사를 갔어요. 제가 딱히 직업이 있는 건 아니었잖아요.

원주로 갈 때 처음부터 마음을 먹고 갔어요. 한번 바보가 된 경험이 있기 때문에 다시 갈 때는 그렇게 바보처럼은 안 살겠다 했죠.

또다시 새로운 장소와의 만남, 그리고 본격적인 활동의 시작이 열리게 되는 것 같아요? 어떠셨어요?

원주 내려갈 때 처음부터 공동육아 어린이집 알아보고 거기에 아이를 맡겼어요. 원주에도 원주생협이 있었거든요. 생협 연결해서 시민단체 하나 들어가겠다고 결심했는데 가자마자 원주에 원주여성민우회가 있어서 들어갔어요. 첫애는 어린이집에 보내고 둘째는 업거나 유모차 태워 데리고 다니면서 지역 여성들을 만났죠. 그런데 저는 원주여성민우회에 들어가서 활동을 시작하자마자 운영위원이 되다보니 원주지역사회에 빠르게 들어갈 수 있었어요. 지역은 사람이 많지도 않고, 또 이런 경험을 해본 저를 알아본 거죠. 원주는 사람이 많지 않아서 활동이 연결된 모든 곳 생협, 공동육아, 지금은 없지만 그때는 부설 상담소가 있어서 그곳까지 여러 곳에서 자원봉사를 하게 되었어요.

여성학 소모임 만들어서 공부하고 상담소 쪽과 연계해서 강의도 하고 성교육 강의 같은 일들을 시작했지요. 그러자 생협 활동가로 제안이 들어왔어요. 원주에는 생산자, 소비자 생협이 있는 반면에 조합원 활동이 하나도 없었어요. 거의, 수도권의 생협들은 조합원 활동이 활발한데 지역 생협은 그건 없었거든요.

지역 생협에 들어가서 생협 활동가로 반 상근을 하면서, 아이들이 어린데 어린이집 안 보내는 엄마들을 위해 같이 아이를 키우자는 마음으로 육아협동조합처럼 아이들을 생협에 데리고 와서 놀 수 있게 했어요. 이분들을 기수로 묶었더니 아이들과 함께 여기 일주일에 한두 번 와서 놀고, 안 오실 때는 당신들끼리 놀러다니고 그러시더라고요. 그렇게 토마토 모임이 결성된 거예요. 5~6기까지 만들어서 같이 활동했는데, 그다음부터는 이분들이 다음 기수를 지도하고 마을마다 마을반디모임 만들고 농촌체험프로그램도 하고 이러면서 재미있게 생협활동을 했죠.

Q 원주에서 많은 역할을 하셨어요. 그중 지역을 기반으로 여성운동의 시작은 원주민우회 활동이잖아요. 어떠셨나요?

A 2000년대 초반 그때만 해도 지금처럼 갈 곳이 많지는 않았어요. 그때 민우회에서 했던 강좌는 엄마가 읽는 동화, 환경 관련 모임이었어요. 엄마들이 그쪽 분야에 관심이 높다 보니 오는 거죠. 또 동네에서 수다 떨고 놀이터에서 노는 사람들이 있고, 그런 게 싫어서 민우회를 찾아오시는 분들도 있었어요. 민우회의 한계가 정말 그런 거였어요. 지역 마을로 들어가서 마을 단위를 조직하는 거 너무 어려워요. 마을에서 활동하는 회원이 거의 없었어요. 다 여기 와서 해요. 그래서 생협은 좀 다르게 먹거리를 가지고 만나는 거니까 동네에서 이용하는 분들을 '마을 반디' 모임으로 만들었어요. 그래도 모임을 지속시키는 건 너무 어려워요. '마을공동체를 살리자'는 건 도의원이 되어서도 하는 일인데 지속성을 갖는 것은 여전히 큰 숙제네요.

Q 경력을 보니 중간에 2004년 원주녹색연합 공동대표 활동이 있어요?

A 네, 민우회 활동을 하는 중에 원주지역의 환경단체 환경연합이 있었어요. 환경연합은 주로 이슈파이팅을 하는 단위예요. 그때 생활 속의 환경운동을 하자 해서 녹색연합을 만들어 제가 준비모임부터 녹색연합 공동대표를 4년 했죠.

Q 여러 활동을 책임진다는게 참 쉽지 않죠. 원주녹색연합에서 다시 원주여성민우회 대표를 맡으셨는데 계기가 있나요?

A 원주여성민우회가 되게 어려워졌어요. 이 시점에 민우회에서 계속 콜이 왔었는데 제가 뭔가 일을 하고 있을 때라 회원으로 활동하다가 원주민우회가 문을 닫니 마니 할 시점이 한번 와요. 그래서 제가 마침 다른 단체에 뭘 맡고 있지 않아서 민우회 대표를 맡아서 하겠다고 하고 들어가서 4년을 하죠. 임기만큼.
민우회에 제가 대표를 하러 들어갔던 이유도 그거에요.
제가 원주지역에 뿌리를 내리고 살 수 있게 해준 민우회이고, 거기에서 같이 활동했던 사람들이기 때문에 빚을 갚으러 가는 마음으로 들어갔고요. 그때는 정말 무에서 유를 창조해야 했기 때문에 공부도 많이 하고 새로운 일을 되게 많이 했어요. 그때가 제일 열심히 즐겁게 일했던 것 같아요. 민우회 활동력을 키우려면 제가 밖에 나와서 뭔가를 배우고 새로운 사업을 발굴해야 했기 때문에 양성평등교육진흥원에 가서 성평등 강사 과정도 쭉 밟았죠. 성별 영향분석평가 제도가 막 도입되는 시점에서 처음부터 같이 합류해서 시작했고요. 그런데 그런 것들이 나중에 제 일로 남게 되지요. 민우회는 강원도지역에 강원도 5개 여성단체와 함께 강원여성연대라는 단체로 묶여 있거든요.

Q 주로 대표를 많이 맡으셨어요. 한국성인지예산네트워크 공동대표 활동도 하셨는데 어떤 활동을 하는 곳인가요?

A 강원여성연대 일도 같이 하면서 한국성인지예산네트워크를 만들게 되었어요.

전국적으로 성 주류화 운동의 흐름이 만들어지면서 한국여성민우회뿐만 아니라 한국여연에서도 성별영향분석평가, 성인지예산제도 이런 정책적인 활동들을 해요. 그런데 이게 제도화가 되면서 구심점은 없어져요. 왜냐하면 각자 단위에서 이 일을 위해 정부에 요청하고 국제회의도 가고 했는데, 막상 도입이 되니 성 주류화 운동이 대충 정리가 되고 이 사업을 할 단위와 안할 단위들로 나뉘는데 여기서 중심적으로 활동했던 활동가들 중에 이게 굉장히 중요하고 정책을 만드는 부분이라 생각해서 만들어진 게 한국성인지예산네트워크예요. 그리고 한국성인지예산네트워크에 몇 개의 단위들이 단체로 들어가기도 해요. 강원여성연대는 여기에 하부단위로 회원조직으로 들어가 있었고 제가 강원여성연대 대표를 하면서 운영위원으로 같이 들어가죠.

마침 저는 여기 들어가기 전에 민우회 대표를 맡고 나서부터 성별영향분석평가, 성인지예산제도들에 대해 공부를 하고 컨설팅을 하고 있었어요. 여기 들어가서 알고 있는 걸 같이 하니 할 이야기가 많았죠. 저는 성 주류화 정책이 굉장히 중요하다고 생각했어요. 관련 일을 하면서 공동대표까지 맡았죠. 저는 무슨 일을 동시에 했다기보다 하나의 일이 또 다른 일을 만들어주고 그 일에 전문성을 가지고 또 다른 쪽으로 점차 지역을 확대한, 원주에서 강원도로 강원도에서 전국으로… 이런 케이스예요.

Q 다양한 곳에서 활동하고, 대표 및 공동대표의 자리에서 역할을 하다보면 참 많은 사회의 이슈와 구조적 문제에 예민해야 하는데, 어떻게 가능했을까요?

A 제가 봐도, 너무 많은 것을 했죠. 요즘도 얘기하지만 안 해본 것 없이 다 해봤어요. 퀼트, 비즈… 저는 생태 해설가이기도 하고 여성운동은 원래 백화점이잖아요. 다 해야 해요. 아동교육, 환경, 노동, 건강 모든 걸 다 해야 하잖아요. 잡다하게. 덕분에 훨씬 많은 공부를 하고, 훨씬 많은 분야를 알게 된 것 같기는 해요. 사실 제일 못했던 일이 무엇일까 생각해보면… 대학원에 다니는 동안 제일 못했던 일 중에 하나가 아마 가정주부, 엄마 역할이었을 거예요. 현

장의 경험들이 사실은 굉장히 큰 도움이 돼요. 제가 현장경험 없이 책만 읽었다면… 음… 10분의 1 정도밖에 내 것이 되지 않았을 거라고 생각해요. 이론은 이론으로 끝나잖아요. 이론이 보여주지 못하는 것들을 저는 삶에서 체득한 사람이니까, 여성으로 살면서 체득이 되어진 부분도 있지만 어쨌든 지역에서 활동하고 아이도 키우고 성별영향분석평가나 성인지예산은 정책을 보는 거거든요. 예산을 보고, 정책적인 부분들도 보면서 이게 굉장히 크게 시너지 효과를 일으켰다고 생각해요. 그리고 제가 실천여성학을 공부할 때도 제가 미리 봤기 때문에 훨씬 이해를 빨리했다고 생각하고요.

저는 여성학을 계속 공부했잖아요. 나름대로 책을 읽고 모임에 나가 스터디도 하고 강의도 하고 성교육 성폭력예방교육도 했지요. 지금은 통합했지만 양평원의 성폭력, 가정폭력, 성매매, 성희롱, 성별영향분석평가까지 5개 전문과정을 다 가지고 있어요. 이 과정이 5년 걸린 거예요. 한 과정을 이수하려면 1년이 걸리거든요. 덕분에 진짜 공부를 많이 했죠.

Q 지금도 계속 공부하신다고 들었어요?

A 네, 강원대학교 정치외교학과 박사과정 하고 있어요. 제가 대학 박사과정을 간 것도 정치를 하니까 정치이론을 배워야 되겠다 생각한 것도 있고요. 언제든 돌아갈 자리가 있어야 하고 여기서 제

가 몇 개월 해보니까 내가 가지고 있는 것 탈탈 털어서 소진시키고 딱 끝내기 좋은 자리예요. '내가 반드시 쏟아내는 만큼 채우는 시간을 갖질 않으면 버티기가 어렵겠다. 그리고 4년 뒤에 허탈하겠다' 그래서 공부를 하는 거예요. 여기와 떨어져서 나를 성찰하는 시간이 공부하는 시간이라 생각해요. 제가 대학원 가서 정말 잘한 일은 공부하는 즐거움을 알게 된 거지요.

Q 여성운동에서 정치인 정유선, 위치의 변화가 있었어요. 30년 넘는 시간 활동가를 넘어 정치인으로 변화하기까지 그 시작점이 궁금해요.

A 사실 전 여성운동을 먼저 시작한 것은 아니에요. 1980년대 학번을 가지고 있는 사람들은 대부분 학생운동부터 시작했어요. 제가 85학번이었는데요. 1학년 때 성당에서 광주 비디오를 보고 큰 충격을 받아 운동을 시작하게 됐지요. 이렇게 얘기하면 〈1987〉 영화에 나오는 연희와 똑같네요. 학생운동을 쭉 해오다가 가톨릭 청년운동까지 활동이 연결되기도 했어요.

Q 1987년 민주항쟁 이후, 학생운동권들은 노동현장이나 시민의 영역을 강화할 시민사회단체를 만들기도 했는데, 청년운동가 정유선은 어디에 있었나요?

156

그때 저는 영양사로 회사에 다니고 있었어요. 영양사는 현장을 가지고 있잖아요. 대기업의 공장으로 단체급식을 하다 보니 매일같이 현장노동자들을 만날 수 있는 곳이었어요. 그때 우리 회사에서도 어용노조 말고 민주노조가 만들어졌어요. 그런데 오히려 여직원들의 처우가 안 좋아지는 거예요. 사실 그 회사 여직원 중에 대학 졸업한 사람은 저 하나거든요. 나머지는 다 고졸이었어요. 그래서 '안 되겠다' 싶어서 여직원들과 같이 민주노조에 가입을 했어요.

'여직원 처우 개선' 하자고 들어갔는데 제가 몸담고 있었던 조직에서는 여성들이 있는 그곳을 현장 노동으로 보지를 않고 다른 현장으로 가라고 하는 거예요. 노조에서도 처음에는 환영하는 분위기였다가 여직원 가입이 늘자 회사 쪽 압력이 너무 강해서 탈퇴 요구를 하고요. 여직원들을 다 데리고 노조에 들어갔는데 노조는 실질적 도움이 안 되지, 회사 직원들은 여직원들을 대상으로 노조 탈퇴 압박을 하지, 되게 어려움이 컸어요. 그때 '아, 내가 있는 이 조직이 말하는 노동운동이라는 게 뭐지?'라고 생각하면서 사실 운동을 접었죠. 접고 회사도 그만두고요.

그때만 해도 다른 남자직원들은 연차적으로 승진하는 것에 비해 여자들은 아예 그런 기회가 없어요. 여성들은 결혼하면 회사를 당연히 그만두는 거였어요. 이런 것들 때문에 노조 안에서 같이 해 결해보려고 했는데 어려웠죠. 그 시절이 아마 화이트칼라의 여성노동자들이 운동을 시작할 즈음이었을 거예요. 1980년대 말,

1990년대 초반. 그런데 문제는 그렇게 해도 그럴 수 있었던 직종이 있었잖아요. 은행원, 병원, 여자들이 대규모로 있었던 직종만. 여직원이 적으면 여성들이 노조운동을 하는 것이 되게 어려웠어요. 화이트칼라를 노동운동으로 보지도 않고, 그때만 해도 초반이었으니까. 그래서 제가 다 접었던 거예요.

Q 정치인으로의 첫 입성과 소감을 들려주실 수 있을까요? 여성단체 활동 속에서는 생활정치의 현장을 실현하는 곳이잖아요. 도의원은 어떤가요?

A 제가 생활정치를 했다면 이제는 현실정치, 정당정치를 하는 거예요. 정치인은 말의 무게가 NGO 대표보다 훨씬 무거워요. 분명한 권력을 가지고 있어요. 그런데 그 권력이 대단하지는 않아요. 지자체는 모든 것이 지자체장 의지에 따라 움직이고 거기에 약간의 부분에 겨우 숨통을 틔우면서 하고자 하는 걸 하지 아주 커다란, 정책적인 부분을 바꾸지는 못해요. 그럼에도 불구하고 저는 이제 목표로 한 바들을 해나가려고 4년을 계획하는 거고요. 지금까지는 잘하고 있다고 생각해요.

여성과 아이들, 청소년과 장애인들 제가 대표성을 띠고 있던 사회적 약자들에 대한 이야기들… 그런 것들을 하나씩 사업화하고 있어요.

실제 사례가 있으시면 이야기해주세요.

다문화 방문지도사들이 있는데요. 10년째 임금이 똑같아요. 수당만 받고 일을 해요. 그런데 다문화 방문지도사들… 이분들 자격요건은 되게 까다로워요. 왜냐하면 한글지도사 자격증도 있어야 하고 이분들이 직접 만나는 분 중에는 다문화 초기에 온 분이 많아서 상담 역할, 집안 문제 뭐 이런 일까지 다 하고 있거든요.

이렇게 활동하는 사람들은 실제로 자긍심이 높으세요. 그러다 보니 불이익이 있어도 말씀을 안 하고 계셨던 거고요. 그런데도 10년 동안 변하는 게 하나도 없는 거예요.

그래서 제가 만나서 얘기를 들었어요. 상황이 이렇고 저렇고… 도저히 안 되겠다 싶어서 18개 시군에 한 180명 정도 될 거예요. 이분들 똑같이 처우 개선비로 한 10만 원 정도를 매달 지급할 수 있도록 바꾼다거나…. 제가 올 3월에 특별위원회를 만들었어요. 작년 7월부터 시작했거든요. 저출산 고령사회 대책특별위원회를 초선 비례대표가 만들겠다고 하면 안 내줘요. 그것도 몇 개월이 걸려도 꿋꿋이 밀고 나가서 만들어서 위원장까지 했죠.

저는 신규 사업을 많이 하고 남들이 안 해 본 걸 하기 때문에 일은 많은데 또 그만큼 보람도 있어요. 그런 것을 하려고 들어왔으니까 열심히 해야 한다고 생각해요.

아동학대시설 '쉼터'에 갔었어요. "가장 필요한 게 뭔가요?" 물어 보니 차량이라고 하더라고요. 아이들이 단기 쉼터로 올 때 차를 타고 오잖아요. 아동학대로 왔는데 애들이 병원도 가야 하고 학교도 가야 하고 학원도 가야 하는데 이걸 다 선생님들이 택시를 타고 왔다 갔다 하시는 거예요. 이건 정말 필요한 일이잖아요. 애들이 위험하고, 또 가해 부모들이 애들 어디서 지내는지 알게 되면 안 되니까 차량이 가장 필요한 게 맞겠더라고요. 그런 것들을 도와줄 수 있다는 것. 그건 엄청난 힘이에요. 사실은 제가 시민단체하면서 그렇게 많은 포럼과 컨설팅해서 정책제안을 했지만 하나도 안 듣거든요. 그러나 의원은 그런 걸 챙길 수 있어요. 제가 그런 것들을 바꿔요.

강원도 의회도 보니까 의원 45명 중 여성의원이 9명이네요. 여성은 정치 입문이 참 어렵죠. 초선의원으로 여성의원들의 정치 현장은 어떤가요?

이번 국회의원 선거 때 강원도에서 여성 후보는 한 명도 출마하지 않았어요. 아무도 안 나와요. 지방선거 때도 여성의원이 출마를 안 해서 안 된 거예요. 도의원도 여성 출마자들은 다 됐어요. 출마의 반을 여성이 했으면 됐을 거예요. 그런데 여성들은⋯ 아⋯ 저만 해도 비례가 아니라 지역구 출마하라고 했으면 안 했을 것 같아요. 그만큼 출마의 벽이 높아요. 왜 높을까 생각해볼까요?
여러 가지 이유가 있는데요. 이 사회는 남성중심문화라서 만날 돈과 술자리가 필요한 거예요. 정치인이 돼서도 그걸 해야 되는 거예요. 이걸 못하면 사실 되게 어려운 벽이거든요. 이런 문화가 바뀌어야 하는데… 이게 여성들 개개인의 문제이거나 여성들 각자가 해결해야 할 문제처럼 와요. 그건 아니라고 생각해요. 그래서 할당제와 비례대표 수를 늘리는 게 훨씬 중요해요. 강제적으로라도 이 파이를 키워놓지 않으면 진입장벽이 너무 높아서 여성은 들어설 수가 없어요. 일단 진입한 후에는 다들 잘해요. 여기에 있는 의원 중에 못하는 여성의원은 없거든요. 여성의원들이 더 잘하고, 더 뛰어나다고 인정도 꽤 받아요.

국회에서도 마찬가지잖아요. 그렇게 긍정적으로 평가는 받는데 진입이 어려운 거죠. 진입하면 훨씬 더 좋죠. 그리고 여성들에게는 여성의 목소리를 내주는 여성의원들이 반드시 필요한데 과연 우리는 누구에게 더 신뢰감을 가지고 있나요? 이미 우리가 내면화되어 있기 때문에 남성에게 훨씬 더 신뢰감을 보여요. 저 사람이 뛰어나다 뛰어나지 않다 이런 걸 떠나서 '단체장 그걸 어떻게 여자가 해?'라고 생각하는 거죠. 그래서 안 나오잖아요. 하나도. 그게 바뀌는 데 얼마나 오래 걸리겠어요. 저는 그런 사고가 정치만으로는 안 바뀐다고 생각해요. 우리 사회의 가치가 성평등으로 가야 하고 어릴 때부터, 초등학생 때부터 성평등 교육을 받아야 해요. 교육을 받아야만 가능해지지 지금 상태로 전혀 안 바뀐다고 생각해요.

 현재의 정치인 정유선을 만드는데 가장 결정적인 역할이나 계기가 있다면 뭘 꼽으실까요?

정치를 시작하게 된 가장 결정적인 요인은 아마 4.16이지 않을까 싶어요. 세월호 사건…. 큰딸이 세월호 희생자들인 단원고 학생들과 또래예요. 그 일이 있던 날 실제로 아침에 서울에서 민우회 전국 대표들 중앙위원회 회의가 있어서 가는 중이었죠.

버스에서 잠깐 뉴스로 봤어요. 배가 침몰했고 전체가 다 구조됐다는 기사를 보고 '별일 다 있네' 했어요. 서울에서 회의를 마치고 식사하러 갔는데, 학생들 구조가 안 되었다는 뉴스를 봤죠. 너무 놀랐어요. 그러고 나서 회의 끝나고 집에 왔는데 우리 딸이 울고 있는 거예요. 아마 같은 나이였으니까, 마음이 더 아팠나 봐요. 우리 딸은 세월호 사건 이후 한 달 동안 울었어요. 모든 국민이 다 울었죠. 그때 전 '우리가 뭘 하는 사람일까? 어른들이 아이를 지켜주지 못하는 것에 대해 어떻게 해야 하나?' 이런 고민을 했어요. '잊지 않겠다' 이런 다짐을 온 국민이 했잖아요.

이 세월호 사건이 결정적인 계기가 됐고, 앞으로도 계속 운동을 해야 하고, 정치인이 돼야겠다라는 생각을 가지게 했죠. 이후 촛불이 있었고, 박근혜 정권의 무능함이 밝혀졌어요. 촛불을 드는 과정에서 민주당의 인재영입이 있었고, 제가 함께하게 된 거죠. 사실 그 분노는 '내가 이 정권을 바꿀 수 있다면 뭐든지 해야겠다'라는 생각을 하게 만들었어요. 그래서 정당으로 들어가게 됐죠.

정치인으로 보람 있던 순간과 여성운동가로 보람 있던 순간이 다를 수도 있을 것 같아요. 어떠신가요?

다르진 않아요. 여성운동가로서 보람이 있었던 순간이 더 많은가를 생각하면… 글쎄요…. 우리는 여성운동을 하면서 끊임없이 뭔가를 바꾸려고 하고 문제제기를 하지만 실제로 바뀌는 건 별로 없잖아요.

광역의원의 힘이 얼마나 있겠어요. 그럼에도 불구하고 의원이 바꿀 수 있는 건, 운동을 하는 시민단체의 대표가 할 수 있는 것보다 훨씬 큰 거예요. 그런 면에서는 보람이 있기는 한데, 그게 또 오랫동안 여성운동을 하지 않았다면 '정치인 정유선'이 그런 사업을 했을까? 그건 아니었을 거라는 생각이 들어요. 예를 들어, 전 여성운동을 했던 사람이고 그것을 대표해서 비례대표의원이 되었으니까 여성, 아동, 청소년, 다문화, 장애인 문제에 많은 관심을 기울이거든요. 제가 처음 의회에서 업무보고를 받으며 질의를 할 때 성매매 집결지에 대한 문제들, 도시재생 하면서 성매매 집결지가 있는 곳을 할 때 그 여성들이 다른 곳에 가서 다시 성매매를 하는 것이 아니라 그 지역에서 자립할 수 있는 방향으로 찾을 수 있게 노력해달라는 이야기를 했을 때, 지금까지 의회에서 성매매 이야기가 나온 게 처음이라고 하더라고요.

그동안 현장의 상황들에 대해 잘 알고 질의하는 의원이 없었던 거예요. 이건 성매매 문제뿐만 아니라, 청소년 문제, 다문화 문제도 마찬가지예요.

의원은 정책을 제안하고, 예산을 줄 수 있으니까 사업으로 만들 수 있잖아요. 그런 면에서 보람이 있다고 생각해요. 여성운동과 좀 다른데 그럼에도 불구하고 여전히 제가 대변하는 사람들은 여성이고, 사회적 약자, 여성들이 성평등한 사회에서 살 수 있도록 만드는 게 제 역할이라고 생각해요.

Q 개인적으로 정유선 님에게 현재 가장 어려운 점은 무엇인지?

A 정치인은 공개된 공인이라고 얘기하잖아요. 나에게도 개인의 삶이 있어야 하지 않을까 늘 생각해요. 사생활이 있고, 개인적인 시간이 있어야 하고, 혼자 있을 수도 있어야 하고, 그리고 내가 마음껏 망가질 수도 있어야 하는데 그런 거는 전혀 할 수 없는 상황들… 늘 노출되는 것들이 어려워요.

그리고 저는 생각보다 많은 사람과 만나는 걸 그다지 즐거워하는 사람이 아니에요. 그런데 매일매일 엄청나게 많은 사람과 매일매일 약간의 가면을 쓰고 정치인 정유선으로 만나는 게 좀 어렵죠. 가장 가까운 가족들에게는 정말 시간을 낼 수 없는 것, 그게 참 어려워요.

Q 남편은 정치인 정유선을 지지하나요?

A 여성운동을 하는 사람의 남편, 여성 정치인의 남편이 정치나, 운동가를 다 지지할 것이라고 생각하고 싶겠죠. 우리에게 그런 거 있잖아요. "여성운동 하는 사람들은 집안에서 되게 성평등할 거

야" 그렇게 생각하잖아요. 그런데 그게 꼭 그렇지는 않아서 그냥 좀 잘 못하는 부분이 있어요.

남편이 기본적으로 경상도 사람이고 해서 그걸 잘하는 사람은 아니고요. 집안에서 아주 평등하고 남편이 아무 문제 없으면 여성운동 안 했을 수도 있겠죠. 불편한 걸 안 느끼니까요. 밖에 나가서 오히려 '이건 결국 구조의 문제이고 개인의 문제가 아니다 사회의 문제다'라고 생각해서 했을 수도 있죠.

남편은 제가 정치를 하는 걸 썩 좋아하지는 않아요. 제가 입장을 바꿔서 생각해도요. 만약에 '남편이 정치인이다' 어떨까요? 정치를 하는 사람의 가족은 전혀 행복하지 않아요. 희생해야 하는 부분이 크니까요.

일단 집에 있는 시간이 없고요. 남편이 정치인이라면 부인이 성역할 규범상 밥을 하고 이런 걸 다 자기 일이라고 생각하잖아요. 남편이 돈만 벌어 온다면 뭐 그럴 텐데 지금 저는 집안일을 거의 못하거든요. 할 시간이 없는 거예요. 그러니까 되게 훨씬 더 불만이 많을 것 같고요. '여성들에게 정치를 많이 했으면 좋겠다'라고 말하지만 정작 저는 아이들이 커서 독립해 서울에 있기 때문에 가능했지, 어렸다면 불가능하지 않았을까 싶어요. 아이들에게는 나쁜 엄마일 수 있겠다는 생각이 끝도 없이 들죠.

 여성 정치인이 되고자 하는 여성들에게 가장 필요한 역량은 뭐라고 생각하세요?

정치, 하고 싶으세요? (아니요). 저도 그랬어요. 여성단체 대표나 활동을 하는 사람들이 정치를 하고 싶어 하지 않아요. 우리가 대학원에서 여성 정치 세력화를 얘기하잖아요. 만약 실천여성학 석사과정을 안 했다면 내가 정치를 했을까? 안 했을 수도 있다는 생각이 들어요. 여성 정치 세력화를 얘기하지만 나 말고 다른 사람이 해줬으면 했었거든요. 그런 일은 내가 하기 싫은 거죠. 우리가 생각할 때 정치인이 그렇게 매력적이지 않잖아요. 매번 욕이나 먹고 뭐 하는 것도 없는 사람 같아 보이잖아요. 그런데 제가 보면 저 같은 정치인, 저 같은 정치인이라고 하는 것은 정말 젠더의식을 가지고 여성을 대표해서 여성들 입장에서 발언하고 정책을 만들고 예산을 반영하는 일에 애쓰는 정치인이 있는 것과 없는 것은 크다고 생각해요. 어떤 것이 중요한가? 어떤 것이 성평등한 삶을 만들어갈 것인가? 이걸 생각하는 사람이라는 것은 그동안 그런 삶을 살았던 사람, 그런 것들을 오랫동안 생각하고 앞으로도 계속 생각할 사람이 아니라면 말하지 않거든요. 그러니까 되게 중요한 일이라 생각해요. 그래서 가장 필요한 덕목은 아마 "하는 것". '이거 같이하는 일이야'라고 생각하고 여성들이 정치를 하는 것, 도전하는 것⋯. 이게 가장 중요한 덕목이에요. 누구나 할 수 있는데 잘 안 하려고 하죠. 누구나 할 수 있는데 아무나 할 수는 없는 일⋯. 정치에 관심을 가지고 정치를 하시면 좋겠어요.

특히 지방자치의원들을 보면 월급도 조금 밖에 안 돼요. 우리가 보좌관이나 비서관이 있는 것도 아니고. 전 이번에 도정질문 할 때도 밤새워서 질문 준비를 했거든요. 국회의원들 엄청 부러워요. 아홉 명이 그걸 다 자료 조사해서 가져다주고 읽기만 하는 거니 얼마나 편해요. 그런데 또 한편으로 생각하면 급여도 엄청 적어서 전문직이나 이런 사람들은 정치 안 해요. 누가 기초나 광역의원을 하려고 하겠어요. 또 여성들에게 가장 적합한 일이기도 한 것 같아요. 동네를 바꾸고 우리 아이들이 살아가는 사회를 바꾸고 여성들이 조금 더 안전하게 살게 만들고 이런 걸 꼼꼼하게 보고 성실하게 일할 사람이어야 하니 여성이 잘 맞아요. 그래서 저는 더 많은 여성 정치인이 나오면 좋겠어요.

 많이 바쁘시겠지만 그래도 개인적인 시간은 어떻게 사용하세요?

 제가 좋아하는 것들이 있어요. 의원이 되기 전에 강의를 많이 하러 다녔어요. 그래서 강의가 끝나면 그 지역 산에 간다거나, 그 동네 미술관에 간다거나 혼자서 다니는 걸 좋아해요. 자연 속에 있는 야생화 보는 것도 너무 좋아하고요. 요즘은 혼자 다니지는 않고 저와 친하게 지내는, 저를 지지하는 사람들과 함께 매일같이 잘 걸어요. 틈만 나면 걷기를 같이해요. 호수 길도 걷고 여기저기 같이 함께 걷는 사람들이 있어요. 제가 그런 소리를 많이 들어요. '정치인 같지 않은 정치인'이라는 소리요. 저를 지지해주는 분들이 그런 말씀들을 많이 해요. 그게 저는 여전히 일상을 사는데, 나의 직업이 정치라고 생각하는 편이어서 그런 것 같아요.

Q 올해 코로나로 참 어려운 시기를 보내셨지요? 도의원으로 책임과 역할이 많았을 것 같아요. 그래도 지역활동과 관련해서 기억에 남는 일이 있으면 말씀해주세요.

A 강원도는 코로나19 발병이 많지는 않아서 그냥 행사가 좀 없었을 뿐이지 웬만한 행사는 다 했고요. 제가 얼마 전에 '마을 교과서'를 만들었어요. 마을에서 마을 해설을 해주시는 선생님들이 있어요. 이게 3년차 사업으로 원주에 5개 마을 교과서를 만들고 있어요. 유아용은 그림책, 초등학생은 초등학생용 그림책으로요. 2주 전에 이분들에게 강의를 하러 갔었어요. 그분들이 왜 마을 강사가 되려고 했는지, 마을 강사를 해보니 어떤지 이런 이야기를 나누었지요. 저도 경력단절이 되었던 적이 있는데 그 시기를 딛고 지역활동을 통해서 정치인이 됐잖아요. 그분들 중에도 원주가 고향이 아닌 분도 많지만, 지역에서 이런 계기를 통해서 동네를 바꾸고 자기 아이들과 동네 아이들을 함께 키울 수 있고 앞으로 무엇인가를 하고 싶어 하는 분들을 만나면서 되게 좋았어요.

한국성인지예산네트워크

설립목적 : 성평등한 지방자치와 참여민주주의 실현

활동기반 : 성평등을 지향하는 NGO's, 연구자, 예산운동활동가들의 연대와 협력

활동영역 : 정부의 성인지정책 과정 지원과 모니터링, 시민활동가 양성 및 역량 강화, 성평등 가치 확산을 위한 시민 관심 제고 활동 등

주요연혁 : 2005 11월 한국여성단체연합 성인지예산특별위원회 해소에 따른 별도 조직구성

2008 2월 28일 단체 설립

2005~2011 지방정부 성인지 예산제도 도입 및 성별영향 평가제도 운영 내실화 촉구

2013 국회의원 간담회를 통한 성인지예산 심의를 위한 의견서 제출

2014 지방의회 성인지예산심의를 위한 매뉴얼 제작 및 지방의회 배포

2015 17개 광역시도 성별영향분석평가 분석을 통한 젠더이슈 발굴, 지역별 젠더거버넌스포럼 조직. 한국여성정책연구원 공동연구 GB포럼(지역을 변화시키는 성인지예산 사례 발굴) 발표

2016 국회의원 간담회 및 토론회 공동개최 "성인지예산제도 이대로 좋은가", 지역 성인지정책 참여활동 응원 플랫폼 구축사업-"성주류화, 경계는 없다"(지역별 성주류화 모니터링단 구성 지원활동)

2017 공공정책의 성인지적 성과관리 과정에 시민참여 방안 연구 (한국여성정책연구원 공동)

현재 지역 성인지예산조례 제정 촉구 및 지원활동, 기타 중앙정부 및 지방자치단체 성주류화를 위한 젠더거버넌스 활동 참여

시야는 넓게,
안목은 섬세하게
운동하다 정치하는
여자를 만나다

Interviewer
박은영, 이기원

박은영: 어린 시절 어려움 속에서도 웃음을 잃지 않는 이야기를 그린 동화 〈만년샤쓰〉를 읽고 방정환 같은 작가를 꿈꾸었다. K-장녀 중 하나로서 세상은 동화처럼 녹록치 않음을 깨달으며 성장했다. 차별 없는 세상을 만들기 위해 인천여성민우회에서 활동하는 한편 사람들의 마음을 어루만지는 상담가 및 성평등 강사로 살아가고 있다. 세상에 드러내는 방식은 저마다 다르지만 모두가 살기 좋은 세상을 만들고자 페미니즘 교육에 관심을 갖고 연구하고 있다. 그 노력의 하나로 석사학위 논문 〈인천지역 성평등 강사의 페미니즘 인식 연구〉(2021)를 썼다.

◇◇◇◇◇◇◇◇

10월이 막 시작된 날, 안산에 갔다.

'안산'하면 자동적으로 떠오르는 '세월호'와 함께 가슴이 먹먹해지면서 미안함이 생긴다. 아무것도 하지 못해서, 지키지 못해서, 밝히지 못해서⋯ 못한 것이 많다. 그간의 시간 동안 달라질 것이라고 믿었던 한때의 바람은 점점 희미해지고 있다.

아직도 기억은 생생하다. 시커먼 바닷물이 순식간에 배를 집어삼키던 장면은 꿈에도 잊지 못할 만큼 가슴 시리고 안타까운 순간이었다. 손을 뻗으면 닿을 듯한 지척에서 속절없이 가라앉는⋯.

사진과 함께 노란 리본은 점으로 흩어지고 안산에서 그 흔적을 찾고 싶었다. 어쩌면 그건 내가 아닌 누군가는 슬픔으로 간직해주기를 바라는 이기심인지도 모른다. 기억하고 싶지만 마주하기에는 너무 아픈 그날의 기억을 안산은 품고 있을 것이라고 기대하고 있었나 보다.

안산은 생각보다 훨씬 넓어서 내가 지나온 길에서는 슬픔의 흔적보다는 일상적인 사람들의 삶이 흐르고 있었다. 버스가 다니는 도로, 목적지를 알리는 안내 방송, 어느 것에서도 그날의 기억은 드러나지 않았다. 잘 견디고 있는 것인지, 상처로 감추고 있는 것인지 속내를 헤아려야 했다.

한편으로는 안산의 풍경이 다행이라는 생각도 들었다. 우리는 특별한 날을 정하여 그들을 기억하지 않고 어떠한 날에도 어디에서도 함께하고 있을 것이기 때문이다.

여성 임파워먼트 프로젝트의 인터뷰이로 나정숙 의원을 만나고 싶었던 것은 안산이라는 곳과 시화호 환경운동에서 시작한 선배의 활동에 대한 궁금증이었다.

'실천여성학 전공 1기이며, 3선 의원 등 수식어가 늘수록 초행길의 낯섦보다 만남에 대한 설렘이 더 강해졌다. 약속한 시간보다 일찍 도착해서 안산시의회의 위치를 확인하고, 건너편 카페에 자리를 잡았다.

넉넉한 인심의 커피를 마시며 인터뷰에 동행할 서로의 위치를 확인했다. 탁자 위에 인터뷰 자료를 펼쳐놓고, 질문을 확인하고, 흐름을 익히면서 연신 건너편의 시의회에 눈길이 향했다. 미지의 장소에 대한 상상은 짤막하고 드문드문 분절되었지만 그 자체로 즐거웠다. 질문하는 우리의 모습, 또 질문하는 우리의 모습…. 아나운서처럼 발음을 점검하고 미소를 지었다가 근육을 풀기 위하여 입술을 실룩거렸다.

일상의 루틴은 어느새 형체로 굳어져서 아침에 눈을 뜨면 하루의 일과를 떠올리게 한다. 짧은 생각 속에서 일정이 엉키지 않도록 순서를 다시 확인하고, 최소한의 시간을 분배하고 나서야 안심이 된다. 급작스럽게 발생하는 상황에 대한 가감까지 오차 범주에 넣었다면 그 하루는 비교적 안전하다. 내가 주도할 수 있는 온전한 하루가 될 수 있다.

강의준비를 하고 교육 대상자들에 대한 니즈를 분석하는 것은 현장에서 가장 큰 팁이 되기에 하루도 빠트릴 수 없으며, 생각의 일부는 실천여성학에서 텍스트를 읽고, 학문적 글쓰기로 결과를 산출해내야 한다.

여성운동의 의제는 일상에서부터 출발하기 때문에 매일의 일과가 운동이고, 이것들의 균형을 맞추는 것이야말로 그 무엇보다 중요하다. 일하고 공부하고 활동까지 하느라 하루 24시간을 최소 세 가지 일로 병행하는 일상을 보내다가 온전히 인터뷰를 위하여 집중하는 시간이라 오히려 여유로웠다. 늦지도 빠르지도 않은 약속 시간 5분 전, 서로의 도착 소식을 확인하며 안산시의회로 향했다.

모든 순간이 적당해서 좋았던 인터뷰

대학원 과목 중에 '여성운동의 역사와 쟁점'에서는 여성 임파워먼트 관련하여 여성운동의 현장에서 인터뷰를 진행하기로 했다.

실천여성학의 특성상 현장의 활동가들이 이론을 접목시키는 과정으로서의 전공이기에 전공생들의 이야기가 여성운동의 역사이고, 역사를 일구어가는 과정이기에 우리들은 그 역사 속으로 뛰어든 것이다.

1대1(전공생 대 선배)의 구도에서 학과 동기인 이기원과 함께 나정숙 의원을 인터뷰하기로 했다. 그녀는 실천여성학 1기로서 실천여성학이 전공과정으로 굳건한 발판을 다지도록 핵심적인 역할을 했고, 현재 여성운동을 이끌어가는 거목이기에 활동의 무게를 감당할수 있도록 2인의 결합이 필수적이었다. 처음 가는 길이었지만 무엇보다 동기와의 팀플이어서 힘이 되었다. 빨리 가려면 혼자 가고 멀리 가려면 함께 가라는 아프리카 속담이 떠올랐다. 우리는 서로의 모습에서 힘을 얻으며 안산시의회로 거침없이 나아갔다.

임시 공휴일이라 잠긴 앞문을 돌아 막 어둠이 내리는 안산시의회의 뒷문을 통해 들어간 1층에서 불 켜진 유일한 곳, 그곳에서 그녀에게는 후배이기도 한, 우리를 맞이한 나정숙 의원은 공간을 점유하는 여유와 사람을 편안하게 해주는 미소를 가졌다. 그간의 긴장이 무색하리만치 순식간에 무장해제되어 어느덧 우리는 함께 웃고 있었다. 그녀는 지난 이야기, 운동의 역사, 학교 이야기, 공부하면서 힘들었던 점, 힘든 과정에서 이겨낼 수 있었던 주변의 자원을 떠올렸다.

나정숙 의원은 사범대학을 다니면서 학생운동을 하고, 그것 때문에 교사의 길을 포기해야 했던 1980년대, 무역회사에 취직 후 공장의 어린 여성들과의 조우는 성차별과 사회 구조적인 모순을 몸소 체험하는 계기였다고 스스로 밝혔다. 공장 여공들과 함께 동고동락한 이야기는 그 어디에서도 들을 수 없는 생생함이 있었고 듣는 우리에게도 값진 경험이었다.

대안교육의 필요성을 경험한 그녀가 운동을 하게 되었고, 그렇게 시작된 운동이 환경과 여성으로 이어졌으며, 그 흐름이 세상과 맞서는 '투사' 같아서 이야기를 나눌수록 처음에 느꼈던 편안함이 존경심으로 바뀌었다.

사회를 비판하고 문제를 수용하는 탁월한 결단력은 기초부터 다져온 내실 있는 나정숙만의 역사이고, 걸어온 발자취는 그 역사의 한 페이지도 허튼 데 쓰지 않겠다는 세상을 향한 선언처럼 들렸다.

그 여자의 오늘은 쉽게 얻은 날이
하루도 없었다

사회를 바라보는 나정숙의 시선은 매의 눈처럼 날카롭게 문제를 포착하고, 순간의 주저함 없이 그 문제로 뛰어들어 사람들과 연대하고, 운동으로 이어지고 있었다.

특히 처음 안산에 와서 시화호 문제로 환경운동에 접합했고, 이를 시민운동으로 확대하면서 지역의 풀뿌리운동으로 광범위하게 연결되는 지점은 주목할 만하다. 시야는 넓게 안목은 섬세하게 마을 만들기에서 생활의 변화를 이끌어낸 생활정치는 거대 이슈를 섭렵하여 젠더 이슈를 포괄하는 전문성으로 발휘되고 있었다.

어느 곳에 있건 어떤 문제이건 상대적으로 열악한 위치에 처해 있는 여성을 놓치지 않았고, 이들과 연대하는 것에 두려움이 없었다. 너무 적극적이어서 빨리 소진되는 에너지조차 운동을 통해 얻고 채우는 것처럼 비쳤다.

그렇게 사람 좋은 나정숙에게도 정치 출마는 쉽지 않은 선택이었다. 2002년과 2006년 두 차례 거절하고, 2010년에 청을 받아들여 드디어 정치 출마를 선언하는 과정은 호락호락한 사람이 아니라는 생각도 들었다.

무엇이든 자신이 생각하기에 충분한 준비가 되어 있지 않다면 거절하는 어쩌면 당연한 순리를 지켜나가고 있었다. 예의 명예나 권력보다는 현재의 사회를 바꾸어야 하는 소명을 가지고 행동하는 운동가였다.

여성 임파워먼트에 대한 고민은 실천여성학의 공부로 이어졌고 그것을 "나의 고민을 찾아가는 여정"이라고 표현하며 "내가 뭘 또 배우고 알아갈까?"의 신남이었다고 말하고 있었다.

"꽃 이름 얘기하려면 잘해. 감성적이거나 교육은 잘하는데 사회에 대한 얘기를 할 때마다 내가 자신이 없는 거야. 글쓰기는 더 안 돼."

학교가 좋고 공부가 즐거웠지만 두 시간 동안 쪽글 하나를 쓰는 것이 너무 어려워 식음을 전폐했다는 나정숙 선배의 이야기는 우리의 고민으로 이어지고 있었다. 그 힘듦 속에서 길을 찾고 학문적 글쓰기를 이루어낸 기록은 우리가 바라는 가치였다.

현장의 경험이 학문과 어우러져 말이 되고, 글이 되어 세상을 만나는 것, 우리는 그즈음에 정체성을 고민하고 있었던지라 다른 이의 10년도 넘은 이야기 속에서 나와 같은 고민을 발견하고 반가움과 위로를 찾았다.

데자뷔에서 순간순간 떠오르는 학문의 거리 두기는 우리의 말을 찾아가는 과정이었지만 그 권위는 생각보다 높고 매서웠다.

한편으로는 식음을 전폐할 만큼 치열하게 고민했던가? 하루를 꼬박 전념했던가? 질문을 했을 때 한없이 작아졌다.

경험이 믿음이 될 수 있다는 희망으로

"경험은 저를 앞서간 사람들에 대한 활동의 축적이고, 그 사람들이 비례의원, 또는 여성할당제를 제도화하는 역할을 했기 때문에 제가 올 수 있었던 거고요. 그런 연장선에 저도 방점을 맞춰 일을 해야 하는 거고, 다른 측면에서는 부수적이다 이런 생각을 가지고 있으려 한 것 같아요. 활동에서 감정싸움이나 경쟁, 이건 부수적인 거거든요. 저희가 중심이 되면 지역에 필요한 일을 기획하고 제도화하는, 실제로 하는 일에 우리 단체활동가들하고 소통하면서 계속 서로가 자극받고 노력하는 거죠."

경험에 대한 나정숙의 소신은 확실했다. 가끔 사람들이 잊고 사는지 묻고 싶었던 '오늘'이 어떻게 만들어졌는가에 대한 답변이기도 했다. 어느 날 하늘에서 뚝 떨어진 존재는 없으며, 뫼비우스의 띠처럼 시작과 끝을 알 수 없는 연계선상에서 누군가는 선구자가 되고 사람들을 이끌고 있었다.

시의회의 조례를 만들기 위해서 연구모임을 하고 공무원, 시민단체의 활동가들이 머리를 맞대고 고민할 수 있도록 중심을 잡아주는 사람, 그 사람이 바로 나정숙이었다.

"제가 그렇게 할 수 있었던 것은 '안산'이었기 때문인 것 같아요."

자신에게 화두로 다가왔던 "왜 여성은 능력이 있음에도 앞에 나서지 못하는 것인지?"에 대해, 남들 사회복지 공부할 때 나정숙 의원은 여성학을 선택했고, 페이스북에서 활발한 청소년 무상생리대 조례, 에코뮤지엄 조례, 아동성착취 대책마련 등에 실천되고 있는 현황에 대하여 남다른 뿌듯함을 느끼고 있었다.

"사실 뭔가 열심히 할 때 함께할 수 있는 사람들이 마음 맞게 같이 해야 재밌고 신나잖아요."

의회에서도 다른 의원들과의 연대를 꿈꾸며 세상은 변한다는 믿음을 가지고 있기에 안산의 희망은 밝게 빛나고 있었다.

대부도의 촌로가 던진 말 한마디에 무안해 하기보다는 에둘러 자신을 드러낼 수 있는 그녀는 "저는 일로만 보여줄 거예요"라고 말하면서 용기 있는 여성들이 함께 기존의 틀을 깨기를 바랐다. 나정숙 의원이 그토록 바라는 사회 곳곳에서의 변화가 실천으로 이어지는 살기 좋은 세상에서 살고 싶어졌다.

안산 환경운동가에서
에코 페미니스트 시의원으로

정치인 나정숙

제8대 안산시의회 전반기 도시환경위원장(현)
제7대 안산시의회 기획행정위원장(전)
제7대 안산시의회 세월호참사 대책 특별위원회(전)
제6대 안산시의회 여성특별위원회 위원장(전)
안산 YWCA 회장(전)
풀뿌리 환경센터 공동대표(전)
자연환경해설사(환경부 지정)
한국매니페스토 2017(공약이행) – 약속대상 우수상 수상
안산시의회 6대, 7대, 8대 의원(3선의원)(현)
안산시 비정규직 노동자 지원센터 운영위원(현)

◇◇◇◇◇◇◇◇

Q 활동의 이야기를 어디에서부터 하면 좋을까요? 대학에 다니던 1980년대에 어떻게 지내셨어요?

A 제가 사범대학을 나와 가지고 선생님, 선생님의 길이라고, 선생님을 할 거라고 생각했어요.

그런데 그때 정치 상황이 1981년도 전두환 시절, 광주의 그런 상황이어서 내가 하고자 하는 진로나 이런 것들이 쉽지 않았어요.

쉽지 않은 것이 여러 가지 맥락에서 사회현상, 그래서 졸업을 하고, 그래도 나는 선생을 하겠다 이랬지만 학내가 굉장히 시끄러워서 학내활동을 좀 많이 했어요.

그때는 학도호국단이었는데, 학도호국단을 반대하는 학생회 활동도 하고 학내 안에서 우리 민주화에 대한 활동도 선배와 후배들을 데리고 같이 막 했어요. 연판장도 하고 학내 민주화를 위해서.

그러면서 사실상은 학점도 나빴고 교수들과의 관계도 좋지 않았어요. 제 안에서도 이런 상황에서 교사면 뭐 할까 하는 고민이 있었어요.

결국 임용고시를 봤는데 떨어졌고요. 또 그다음 해에 재수했는데 떨어졌어요. 그런데 사립은 됐어요. 사립은 그냥은 갈 수 없다. 사립의 재단 이사장하고 뭔가 트거나 어떤 브로커하고 하면 된다는 이런 부분이 있었는데 안 됐어요. 교사가 안 돼서 그럼 나는 뭐 할 것이냐는 고민이 있었고, 학내를 나오면서 이제 학내활동이나 이런 건 안 되잖아요. 앞으로의 진로가 고민이 되더라고요….

그러면서 제가 그때 자포자기해서 간 곳이 무역회사였어요. 그 무역회사가 공장이 있는 무역회사였죠. 꽤 규모가 큰 곳이었던 거죠. 수출, 일본, 미국, 구미 이렇게 수출하는.

혹시 폴로티셔츠 아세요?

네, 우리가 알고 있는 그 브랜드죠?

네, 그 폴로티셔츠를 만들어 수출하는 곳이었어요.

본사는 강남인데 저는 공장에서 일했죠. 공장에는 어린 여자 여공들과 재단사가 있었고, 대부분 재단사와 공장장은 남자였어요.

저는 본사에서 파견됐지만 공장에서 미싱사를 도와주는 보조 역할도 하고 본사에 무역 담당자가 오면 연결해 주거나 자재와 관련된 업무를 했어요.

지금 생각해보니 어쩌면 자의 반 타의 반으로 그곳에 간 것 같아요. 그곳에서 많은 것을 느꼈어요. 제가 중학교, 고등학교, 대학교 다 여중 여고 여대에 다녔어요. 여자들끼리만 했던 경험에서 성차별과 사회 구조적인 모순, 그것을… 학교에서 책으로 보고 얘기

듣는 것과 다른, 내가 몸으로 체험할 수 있는 것들을 느꼈어요.

Q 무역회사 여공들과 공장 생활을 하신 거네요. 1970년대는 YH무역회사·동일방직으로 여성 노동자들이 많은 차별과 억압을 받았는데 1980년대는 어땠나요?

A 크게 다르지는 않았던 것 같아요. 현장에서 보면 공장 안에는 여성 미싱공과 재단사의 보이지 않는 힘의 권력을 알 수 있거든요.

Q 공장 안에 있는 여성, 미싱사의 생활이 어떠했는지 조금 더 구체적으로 말씀해주시겠어요?

A 그곳에서 성적인 추행, 성폭행 이런 것들이 비일비재한 걸 너무 많이 봤어요. 어느 날 밤에 갑자기 애들을 봉고차로 데리고 오면, 공장장이 "얘네 들 어떻게 왔어?"라고 해요. 그러면 여기 공장장 한 명이 고향에 가서 취직시켜주겠다고 그냥 데리고 온 거예요. 그리고 건물 옥상에 가건물로 기숙사를 만들어 숙식시켜주고 밥 먹여준다고 하고 바로 그다음 날 시다로 쓰는 거죠, 시다로 6개월 지나면 미싱을 하는 거예요. 정말 '오더'가 나면 3일 밤을 새워야 해요. 딜리버리를 맞추기 위해서. 그러면서 미싱 바늘에 수도 없이 찍히고, 잠 안 오게 하려고 약 먹고, 그러면서 고향에 대한 그리움에 남자 선배랑 친해져 밖에 나가 밥 먹고 술 먹고 하다가 성

폭력에 노출되기도 하죠.

Q 대학교 졸업하고 무역회사 다닐 때가 88올림픽이 열리던 시기 맞나요? 우리나라는 대외적으로 경제성장을 이루던 때이고 무역도 굉장히 큰 기여를 했는데 그안에 이런 이면이 있다는 것이 무척 놀랍거든요.

A 그때 되게 무역수출이 잘됐어요.

박통 이후에 수출 중심으로 우리나라 경제성장을 한 거잖아요. 거기에는 공장이, 나는요… 지방에서 공장들이 대형으로 쫙 만들어지고 그런 건 줄 알았어요. 그런데 알고 보니까 주택가 근처에 지하나 아니면 잘 안 나가는 건물에 1공장, 2공장, 3공장 이렇게 만들어요. 소규모로 만드는 거죠. 사실은 무역회사가 공장을 운영하지 않고요. 그냥 오더를 주기 위해 OEM(위탁생산) 하는 거예요. 제가 다닌 무역회사는 그나마 중견기업이라서 자기네 오더를 직접 빨리 맞추는 거예요. 빨리 딜리버리를 맞추는 게 관건이에요. 일본, 미국이라는 데가 언제까지, 네, 딱 그러면 거기서 싸인 하면 언제까지 할 수 있어요. 그게 이 계약 성사의 관건이에요. 그래서 그때 물건을 우리나라에서 만들어서 외국에 수출하는 단계나 이런 것들이 이렇게 이루어지고 있구나. 그래서 우리가 달러를 벌어오는구나. 이런 게 피부로 많이 와닿아서 알았죠.

Q 당시의 미싱사들이 공장에서 만든 상품이 수출되면서 달러를 벌어들이고 경제부흥의 원동력이 됐지만 그 혜택은 없었다는 거죠?

A 그렇죠. 그 아이들, 미싱사 아이들이 순박한 애들 그야말로 중학교도 졸업하지 않고 있는 애들이었고 경제적으로 어려웠어요. 그때는 벌써, 1980년대였는데 다 어린 애들이었어요. 순진한 여자애들이잖아요. 돈 벌어 준다니까 내가 돈을 벌 수만 있다면, 하는 심정으로 일하는 거죠. 게다가 돈 번 거는 다 고향에 보내요. 동생들한테. 그런 애들, 그런데 철이 없어.

철이라곤 하나도 없고 남이 잘해주면 그게 진짜인 줄 알고 그러다가 배신당하고, 다른 공장에서 너 경험 얼마나 있어 그때부터 너 3만 원 더 줄게 하면 다른 공장으로 가고…. 공장으로 공장으로 계속 흘러 흘러가고요. 흘러가다가 어떤 애가 왔어요. "너 몇 년 됐어?" 제일 잘하는 애들이 요 밑에 있잖아요. 그리고 미싱할 때 제일 어려운 공정이 있어요. 그걸 손으로 한번 쫙 하면, 미싱은 손을 얼마나 넣어두냐에 따라 감각으로 쭉쭉 하거든요. "너 10년 했어?" 그런 애들이 제일 쎄요. 30만 원. 그때 "한 달에 30만 원 줄까? 내가 2만 원 더 줄게." 그러면 그 공장에서 일하다가 금방 와요. 얘네들이 돈 받아서 혼자 살기에는 생활비가 많이 드니까 동거해서 살고…. 이런 게 계속 반복….

애들은 너무나 착해요. 거기서 숙식까지는 안 했지만 오더가 많으면 밤새고 3~4일 같이 동거동락을 해야 해요. 그런 기억이 있었고요. 그런 부분에 사회에 변화라던가 그 부분에 대한 것을 바꿔야겠다. 내가 할 수 있는 건 뭐냐? 제가 교사는 안 했지만 대안교육운동을 해야겠다. 교육의 중요성에 대해 절실히 느끼게 됐죠.

Q 공장에서 생활하신 것처럼 자세히 알고 계신데 이렇게 알기까지 현장에서 얼마나 일하신 거예요?

A 그때가 결혼하고 나서도 계속 무역회사 본사에도 갔었고….
무역회사에 있다가 몸이 너무 안 좋아서 그만두면서…. 제가 81학번이니까 1984년하고 1985년 제가 재수했다고 했잖아요? 1986년부터 한 4~5년을 그 공장에서 일한 것 같아요.

공장에서 맨 처음에는 이 공장 갔다가 저 공장 갔다가 경험이 있으니까 본사에서는 나를 공장 매니저는 아니지만 공장의 중간다리 역할을 하게 했어요. 애들하고 친하게 잘 지내고 공장장하고도 잘 지내고 이러면서 나중에는 다시 본사로 가기도 했어요. 그러면서 무역회사 구조문제, 미싱사 아이들의 애환, 그 공장에서 일하는 여러 가지 권력과 젠더 문제를 너무 많이 느꼈고요. 몸이 너무 안 좋아서 쉬면서 구리에 갔다가 애기를 갖게 돼서 다 그만두고…. 그러다가 안산으로 온 거예요. 임신해서 1992년도에요.

안산에서는 대안학교 교육에 굉장히 관심을 갖게 되었어요. 안산에 오기 전에도 '민들레' 모임을 같이 했어요. 안산에 와서도 계속 참가하고 책 보고 공부하면서 대안교육운동에 관심을 가지다가 안산에서 대안교육운동도 하고 환경운동도 하고 여성운동 활동도 했어요.

Q 공장에서 일하면서 권력과 젠더문제에 관한 인식이 있었고, 구조적 고민으로 대안교육에 관심을 가지게 되셨는데 그 이후의 이동이 왜 안산이었을까요?

A 남편 때문에 안산에 왔어요.
남편 때문에 왔는데, 지금 생각해보면 약간, 무역회사 있을 때 내가 안산에 왔었거든요. 여기 염색공장이 많아요. 염색하러 여기 차를 끌고 왔는데 여기가 엄청 먼 거예요. 그게 다시 오려고 했던 모티브가 됐던 것 같아요. 그때 한양대학교 처음 오고 안산에 염색공장 막 다니고 그랬었어요. 안산에 92년도부터 지금까지 살게 됐고요. 그 무역회사에 있었던 여러 가지 경험이 저에게는 단초, 동기 이런 것들을 실제로 깨우쳐주고 있어요. 학교에서 배웠던 거랑은 정말 다른, 학교에서 굉장히 많은 책을 읽고 공부도 많이 하고 학교 다닐 때 기독교 운동도 했어요.

Q 당시의 안산은 어떠했어요? 안산에 오는 시기에 대안교육에 관심을 가지고 공부를 계속했다고 하셨는데 이런 부분들이 안산의 운동과 어떻게 연결이 되었을까요?

안산에 시민운동이 되게 활발했어요.

왜냐하면 시화호 운동 때문에 환경 관련한, 시화호와 관련한 게 굉장한 이슈였어요. 1994년에 방조제가 만들어졌고 1996년에 완전히 뜨거워져요. 국책사업인데 물이 다 썩어들어가는 거야.

예산이 몇 조가 들어간 건데 박정희 대통령이 시작한 거예요. 박정희 대통령이 시작하면서 전두환으로 넘어오고 20년 이상 다 연결되는 거죠.

안산은 매일 시화호에 대한 의제를 가지고 토론회를 열고, 성명서와 기자회견을 했는데 그때 안산YMCA가 중심이었어요.

안산YMCA는 청소년운동이거든요. 청소년운동은 교육이에요. 그래서 안산YMCA 대안교육운동에 관심을 가지면서 한국에 있는 대안운동을 하시는 많은 좋은 선생님을 초청해서 시리즈로 5개인가 강좌를 했어요. 제가 이거다 하고 한 번도 안 빠지고 열심히 들었고요.

그러면서 그때 폐교가 하나 있었는데 그 강좌 끝나고 대안학교를 YMCA가 만든다고 했어요. YMCA 목표가 대안학교를 만드는 거였고, 그곳에서 활동할 교사가 필요했지요. 그래서 제가 자원을 했어요. 그러면서 안산YMCA와 인연이 됐고요.

 YMCA에서 만든 대안학교에 교사로 자원을 하셔서 대안학교에서 교사로 활동을 하면서 운동의 영역을 넓혔다고 보면 될까요?

A 네, YMCA는 환경운동·소비자운동·교육운동 등 다양해요.

그중 대안학교 운동은 재정적 어려움으로 2년 만에 폐지가 됐어요. 제게도 상근비를 주겠다고 했는데 하나도 못 받았어요. 애들 교육 강사료도 못 줬고요. 자원봉사로 아이들과 생활은 가능했는데 장소 대관에 사용되는 비용이 없다 보니 결국 문을 닫았어요. 그때만 해도 대안학교에 대한 인식이 제대로 되어 있지 않고 방과 후 식으로 운영했고 매일 회의만 했어요. 매일 어떻게 할지 회의만 했지 실제로는 부모님들이나 주변 시민들의 참여를 모아내지 못했어요. 학교를 보내야 하는데 여기다 보내면 상급학교 진학이 어렵잖아요. 그래서 운영 2년 후에 문을 닫았죠.

YMCA 대안학교 교사로 활동하면서 아이들과 농사교실을 했어요. 학교 앞 텃밭에 씨 뿌리고 자라면 솎아주고 그렇게 변화하는 걸 그림으로 그려요. 이런 활동을 하면서 아이들도 저도 감수성이 생겼어요. 또, 안산 YMCA 생태안내자 교육이라고 시화호 일대를 모니터링 하는 프로그램이 있었어요. 그때 제가 굉장히 열심히 했어요. 되게 재미있었고요.

Q 안산 YMCA 생태안내자 교육에서 시화호 모니터 활동을 하면서 본격적으로 환경운동을 하신 건가요?

A 거기서 한 10년 동안 환경운동을 했어요.

안산에 생태안내자가 처음 생겼을 때, 제가 YMCA 했던 인연으로 더 깊이 활동을 했어요. 그때가 페놀사건, 진폐 이런 걸 고발하는 역할을 환경운동이 했는데, 저도 시위 참여 하고 반대운동도 열심히 하면서 시화호 모니터도 계속했었어요.

그런데 하면서 '활동가 몇 명이 반대하고 시위한다고 해서 변할까?'라는 생각이 들었어요. 그래서 '시민교육을 해야 한다. 시민 실천이다.' 이렇게 패러다임을 바꾸죠. 그러면서 환경교육으로 갔어요. 동네엄마들에게 환경교육 같이 가보자 하면서 교육을 통해 '아, 이래서 우리가 환경운동이 필요하구나'를 직접 느끼게 되고 설거지를 하더라도 세제를 덜 쓴다거나 쓰레기를 버리다가도 환경을 생각하게 되더라고요. 환경교육으로 일상의 변화를 실천하게 되었어요. 그게 패러다임의 변화인 거죠.

환경운동은 몇 명의 활동가보다는 시민들의 실천이 있을 때 변화가 온다는 현장의 체험을 했고, 이는 환경교육에 대한 필요성으로 확대되었는데 이것은 지역을 중심으로 한 풀뿌리운동이라고 보면 될까요?

네, 그렇죠.

제가 환경교육을 열심히 하면서 마을에서 마을 만들기 운동을 같이 해요. 환경도 활동도 다 마을 안에서 변화해야 하는 거잖아요.

우리 동네 엄마들하고 같이 하면서 '아이를 키우기 좋은 마을로 바꿀 수 있는 게 뭔지?' 고민하며 마을활동을 시작해요. 그러니까 몇 가지를 하는지 몰라요. 전 가만히 앉아 있지 않고 계속 활동을 만들었어요. 제가 환경을 잘 알잖아요. 사람들에게 환경에 대한 교육도 하고 작은 들꽃 얘기 나무 얘기 이런 이야기를 하면 저도 재미있고 사람들도 좋아했어요.

토요일마다 동네 사람들 모아서 마을교육 그게 우리 마을의 얘기가 되고 아이들 교육의 얘기가 되고요. 또 우리 집 앞에 수인선 협궤열차가 다니던 열차선이 있었는데 그게 중단되면서 경전철이 다닌다고 했어요. 경전철 문제가 뭐냐면 뚜껑 없이 화물을 운반하니까 이 동네가 완전히 석탄 풀풀 날리는 길목이 된 거예요.

그때부턴 환경운동으로 동떠서 서명을 받고 주민의 힘으로 이걸 지중화해라, 지중화하려면 300억 돈이 더 들어서 공무원들은 안 된다고 하더라고요. 돈이 문제냐고 그러면서 그 지킴이 운동을 시작한 거예요. 그게 우리 안산 주민의 자발적 마을 만들기 시민운동이 된 거죠. 그 시민운동이 안산 마을 만들기 운동으로 제일 잘 되는 부처가 되었어요. 주민들이 나서서 다 운동가가 된 거예요.

Q 풀뿌리운동에 지역 여성들의 참여가 이어졌는데 여성운동은 어떤 방향으로 이어졌나요?

A 그러면서 내가 느꼈던 건 뭐냐면 환경운동 국장님도 남자, YMCA 활동하면서 앞에서는 사람은 다 남자, 그런데 밑에서 열심히 도와주는 사람은 여자인 거예요. 왜 그럴까? 물론 그전에도 그런 느낌

은 있었지만 그게 확 부각이 되면서 여성에 대한 참여와 여성운동에 대한 생각이 확 들었어요.

그때 우리 안산YWCA가 있었어요.

YMCA와 YWCA가 비슷하지만 여성운동을 하는 YWCA가 그때 생활정치학교를 했어요. 제가 생활정치학교 1기, 생활정치학교를 하면서 의회에 참관도 하고 모니터링, 어떤 의원이 무슨 말을 했는지 분석도 하고 의정지킴이 활동끼리 모여서 그런 활동을 하면서 아, 우리 여성들의 눈으로 지켜보자. 점수 줘서 잘하는 의원 상도 주고 그랬어요. 여성 지킴이가 뽑은 의원, 굉장히 명예롭잖아요. 그런 것들을 해나갔고요.

그러면서 YMCA보다는 YWCA 활동이 커진 거예요. YWCA 이사, 회장까지 한 거예요.

YWCA 회장으로서의 역할을 한다는 것은 기존의 활동보다 운동의 영역이 그만큼 넓어진 거잖아요. 가족들은 활동에 대해서 지지하거나 지원이 있었나요?

시민사회단체활동한다고 활동비가 있는 건 아니었어요.

저는 상근하기보다는 마을 만들기 운동을 하다 보니 정기적인 수입이 없다는 것이 굉장히 힘들었고요. 그러다 보니 제 활동을 남편한테 이해시켜야 했어요. 그래도 제가 꾸준히 활동하는 모습을 옆에서 봐왔기 때문에 늘 제 결정에 존중해주는 분위기가 있었어

요. 그리고 안산 YWCA 회장을 하면서는 많이 인정하는 것 같았어
요. 제가 YWCA 회장까지 할 줄은 몰랐던 거예요. (웃음) 여성단체
회장을 하면 지역사회에서 위상이 달라지죠. 남편도 제가 하다가
말겠지, 이렇게 생각했던 것 같아요. 그런데 제가 꾸준히 지속적
으로 열심히 하는 모습을 인정한 거죠.

시민활동하면서 가정에서 지원해줬다고 하지만, 집안일은 기본
적으로 해야 하고 아이는 키워야 하고, 그때 애가 성장하는 과정
이기 때문에 그게 제일 힘들었어요. 우리 아이를 잘 키워야 하는
엄마의 입장과 남편이 돌아오면 밥 챙겨야 하고 살림해야 하는 것
에 대해서 '내가 이걸 언제까지 할 수 있을까?' 이게 제일 고민이
었고요.

 엄마의 역할을 하면서 활동하는 게 어렵죠?

 맞아요. 제가 대안학교운동을 했잖아요.
그걸 하면서 대안학교 하나 만드는 게 중요한 게 아니라 우리나라
공교육이 변해야 한다고 생각했어요. 그래서 우리 아이가 다니는
학교운영위원회 활동을 했어요. 그건, 어찌 보면 그래도 내가, 나
의 개인으로 돌아갔을 때는 아이를 잘 키워야 하는 게 하나의 책
임이라고 생각했어요.

우리 아이를 잘 못 키우면 내가 아무리 외부적으로 활동을 하더라
도 제 책임성을 회피하는 거다 그래서 아이의 케어가 가장 어려웠

어요. 지금은 다 컸어요.

 그럼, 활동을 하면서 제일 마음에 걸리는 게 자녀 문제셨어요?

 네, 저는 자녀 문제였어요.

집안 살림이라는 것도 굉장히 중요한 거 같아요. 그런데 저는 집안 살림을 소홀히 했던 부분이 있어요. (웃음) 그렇지만 집 안 꼴이 말이 아니면, 계속 그게 부딪혔어요. 남편한테, 왜 양말 여기다 놓냐? 이거 내가 다 해야 되는 거냐. 그야말로 투쟁이었어요.

지금은 남편이 많이 바뀌었어요. 그래서 그럴지는 모르지만, 우리는 세 명이 각자 먹을 건 자기가 챙긴다. 자기 빨래는 자기가 돌린다. 청소는 보이는 사람이 한다. 자립했어요. 제가 끊임없이 그걸 감수하지 않고 계속 교육시킨 게 지금은 어쩔 수 없이. 지금은 되게 자유로워요.

우리 식구들은 독재라고… (웃음) 그럴 거예요. 수시로 활동에 대한 이야기를 하는데 우리 아들은 저랑 생각이 완전 반대예요.

아들은 저에게 너무 낭만적이래요. 세상을 바꾸는 거 그거 왜 엄마가 관심 갖냐, 본인 자신이나 관심 가져라 (완전 개인적인) 아주 개인적이죠.

내가 몸이 힘들잖아요. 엄마가 그렇게 하니까 본인을 돌보지 않고 하니까 그렇게 된 거다. 일을 반으로 줄여라. 그러지 않으면 안 고쳐진다. 걔가 나한테 굉장히 냉철하게 가장 아픈 데를 찌르는 애에요. 그리고 바른말을 제일 많이 하는 애, 제일 저한테는 객관적이고 무서운 존재예요. 지금도.

Q YWCA 회장으로서 단체를 이끌어야 하는 책임과 개인의 발전을 위한 공부를 병행하는데 어려움도 있고 힘드셨을 거 같아요.

A YWCA 그런 회장들을 만나는 그런 모임이 되게 많아요.
저보다 나이가 많으셨어요. 제가 젊었고요. 그런 모습에서 저의 앞으로의 비전, 이런 것들을 계속 생각하게 됐고요.
굉장히 보수적인 여성들이었어요. 그런데 활동성은 있고요. 나름대로 본인들의 분명한 부분이 있었어요. 그런데 어느 지점에 가서는 더 못하는 게 있어요. 예를 들면 기본적으로 남편에 대한 건 무조건, 무조건적으로, 그… YWCA가 기독교예요. 그걸 뭐라고 하지? 지아비에 대한 그… 섬기는 거, 섬기는 걸 굉장히 강조해요. 그래서 부당하게 느끼더라도 그건 참아야 하는 거예요. 그런 기본이 있었는데. 그렇지만 여기 채영신 선생님이나 선구자들은 여성들이 되게 당당하잖아요.

Q 《상록수》의 채영신이 Y의 역사와 연결되는군요.

A 네. 아시다시피 김대중 대통령의 부인 이희호 여사는 되게 당당하잖아요. 나가잖아요. 그래도 그 어떤 지점에서는 배우자를 넘어서

는 안 되는 그게 있었어요. 저는 그게 참 고민의 지점이었어요.
그래서 공부를 해야겠다. 여성학을 해야겠다라는 그런 부분에 어떤 게 있는 것일까? 학문적으로나 이론적으로나 여성학은 우리 한국에서 나온 학문은 아니잖아요. 먼저 선지자의 외국의 사례나 이런 거에 대한 거를 체계적으로 알고 싶었어요. 내가 아는 그게 희미하게 여기저기 조각조각이지. 그게 연결이 잘 안 되는 부분이 있었던 거예요. 그리고 어떻게 보면 여성운동하는 사람들은 뭔지 모르게 자기 고집이 세기만 하고 그 어떤 뭔지 모를 그런 게 있었어요. 그렇지는 않을 텐데 하는 거를 어떻게 담아서 가져갈 것이냐, 저의 비전을. 그래서 여성학을 했죠.

Q 미래의 비전이 필요하고, 본격적으로 여성학 공부가 그 비전의 과정으로 필요하다는 생각을 하신 건가요?

A 그렇죠. 항상 긴장감을 늦추지 않고 내가 제대로 길을 가고 있는지 점검이 필요하고 그러다 보니 계속 보고 또 공부하는 게 굉장히 중요해요. 사실 여성주의 관점이 기존 틀을 깨기 위한 거잖아요. 그 여성주의가 대체 뭘까? 제가 모르는 부분을 공부하고 배우게 되지요.
2010년 시의회에 들어오기 전에 시민활동을 체계적으로 해야겠다는 생각이 들어서 실천여성학을 공부하게 됐어요.
그때 붐이 뭐냐하면 사회복지가 붐이었어요. 활동가들도 다 사회복지 자격을 땄어요. 2급, 1급…. 왜냐하면 복지관도 생기고 단체 안에서 위탁사업도 계속 넓어지는 거예요. 시에서 위탁사업을 하려면 이 분야의 자격증이 필요한 거잖아요. 우리 YWCA도 그때 다문화센터, 청문집, 우리 안산의 여러 가정지원센터 등이 있는데 거기의 센터장으로 가려면 자격증이 필요한 거예요. 그래서 공부를 많이 하는 분위기였는데 사회복지학으로 가더라고요. 저는 아까 말한 그런 고민과 화두를 계속 가지고 있었던 거라 여성학을 해야겠다 생각하게 됐죠.

그때 이대가 중심이 돼서 하지 다른 데는 여성학이 없었어요. 이대는 등록금이 되게 비싸고 안산에서 너무 멀고, 이대나 다른 여성학이 있는 데를 리서치 했는데 마침 성공회대가 있더라고요. 저는 장학생도 아니었어요. 여성재단 장학생이 아니어서 개인적으로 돈을 냈어요. 저하고 민노총 전교조 선생님 있거든요. 저희 두 명은 자발적으로 돈을 내고 다녔어요. 그런데 너무 좋았어요. 커리큘럼 자체가 정말 좋았어요.

Q 실천여성학전공 석사과정에 지원하시면서 어떤 목표와 기대가 있으셨나요?

A 선생님들이 저한테 면접 볼 때, "왜 여기를 신청했어요"라고 물으셨죠. 저 말하는 게 되게 자신 없어요. 들으시면 제가 활동 많이 한 거 같잖아요. 공적인 장소에서 말하라고 하면 너무 자신이 없는

거예요, 내가.

사회적인 부분에서 논리적으로 내가 얘기할 때는 그게 체계적으로 말이 안 나와요. 활동가들은 뭔가 당당하고 논리정연한데 나는 논리정연하지가 않아요. 꽃 이름 얘기하라고 하면 잘해요. 감성적이거나 교육은 잘하는데 사회에 대한 얘기를 할 때마다 내가 자신이 없는 거예요. 글쓰기는 더 안 돼요. 글쓰기는 보통 토론회 하면 토론문 작성하라고 하잖아요. 활동가들은 단번에 쫙 쓰는데 저 같은 경우에는 그게 어려운 거예요. 내 얘기를 글로 쓰려고 하면 결론이 이상하게 안 나와요. 그게 저의 고민이었어요. 그래서 말하기 글쓰기를 한다. 들어와서 그때 쪽글, 쪽글 만들면 집에서 두 시간 동안 하나 쓰기가 너무 어려운 거예요. 내 말로 써야 하는 거잖아요. 그걸, 6개월을 그거 때문에 너무 힘들었어요. 밥을 못 먹을 정도로. 학교가 가기 싫을 정도로요.

Q 여성학 공부가 어려워 밥을 못 먹을 정도로 힘든 시기가 있었는데, 그 고통스러운 과정을 이겨내고 오늘을 만드신 거죠. 그 동력은 무엇이었을까요?

A 진짜 일주일에 한 번은 아무것도 안 하고 학교 가는 날! 학교 가는 거는 너무 즐거웠어요. 왜냐하면 전국에서 만나는 동지들에게서 살아 있는 이야기를 들어요. 우리 실천여성학에 얘기했던 것이… 지역, 그 지역이 굉장히 중요하다는 거예요.

나는 서울에서 안산으로 오고 나서 왠지 모르게 뒤처진 느낌이 들었어요. 그리고 논리는 다 서울에서 내려와요. 그리고 서울이 중심이야. 모든 어떤 쟁점적인 개념정리 뭐 우리 시대 뭐 다 서울대, 신문 보면 서울의 무슨 교수부터 시작해서 다 활동가잖아요. 우리 안산환경운동연합에서 활동가들이 열심히 일하지만 서울환경운동연합에 그 사람한테는 그야말로 경력이 부족한 것처럼 보이잖아요.

그런 점들이 참 이상하게 생각됐는데 우리 실천여성학에서 '지역'이라고 했을 때, 의미부여가 많이 됐어요. 이제 우리 각각 단체가 다 다르잖아요. 제가 알았던 단체 외에 많은 단체에서 공유하는 그런 활동이나 어려움이… 이런 이야기를 들을 수 있어서 되게 좋았어요.

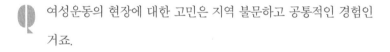

Q 여성운동의 현장에 대한 고민은 지역 불문하고 공통적인 경험인 거죠.

A 그리고 또 하나는 여성활동가들의 실제 현재의 고민을 듣는 것! 공부보다 더 좋았어요. 여기 와서 공부하는 어려움, 지금 현재 고민 있잖아요. 인간적인 면, 그 외에 지역에서 보면 여성운동가 하면 되게 센 사람 이렇게 생각하잖아요. 센 여자 접근하기 어렵다, 얘네들 골치 아픈 애들이야, 피곤해, 이러잖아요. 그런데 우리끼리 만나면 그런 게 없잖아요. 다 이해해주고 그런 점이 너무 좋았

어요. 해방구 같았죠. 그래서 여성주의 감수성의 끈을 놓지 않으려고 합니다.

Q 여성주의 감수성이 높아질수록 자신이 속해 있는 현재에 대한 비판도 날카로워진다고 봅니다. YWCA 활동에서 생기는 의문이 있었는지 또한 그 고민에 대한 해결은 어떤 방식이었는지 궁금해요.

A 단체에서 선배의 모습 속에 제가 자꾸 생각이 나는 거지요. 그것에 대한 고민이 있었던 거죠.

지역사회에서의 여성 지도자들의 모습, 우리단체 YWCA에서의 우리 선배들의 모습, 그다음에 안산의 여러 모습을 보면서 예를 들어 의회라는 의정지킴이 활동들을 했잖아요. 이런 걸 보면서 여성들은 왜? 항상 앞에 나가지 못하는 임파워먼트 못하는 부분은 왜일까? 내가 느끼기에 능력이 없어서도 아니고 그분들이 마인드가 없어서도 아니고 공부를 안 해서도 아닌데 그게 뭘까? 그게 화두였어요.

나를 봤을 때 나는 말하기도 못하고 글쓰기도 못하잖아요. 아침부터 열심히 활동하고 일하는데 그게 당당하게 내가 이론적으로 그건 그거야 라고 못하잖아요. 그 고민에 계속 부딪혔어요. 여성학을 하면서 채워가는 거죠. 공부하면서.

Q 여성학으로 이론에 대한 고민은 채우셨지만, 일과 활동으로 바쁜 일정에 공부까지 하려면 힘드셨을 텐데 체력은 어떻게 키우셨는지 궁금해요.

A 그때는 그런 나의 고민을 찾아가는 여정이라 생각했어요.
너무 기뻤어요. 실천여성학이, 공부하러 가는 길이, 내가 뭘 또 배우고 알아갈까? 이것들이 너무 신났어요. 쪽글만 아니었으면, 쪽글 때문에…. (웃음)
그때는 밤새고 해도 하나도 힘들다고 생각하지 않았어요.
내가 찾으려고 했던 그것을 여기서 찾을 수 있을 것 같다는 생각이 들었고요. 그다음에 멀리 대전에서 오고, 지방에서도 오는 친구가 있었는데 그 친구들에 비하면 나는 여기 안산에서 성공회대 너무 가까운 거예요. 한 시간 거리잖아요. 그것도 너무나 행복했어요. (웃음)

Q 여성학을 공부하면서 얻은 성취와 만족이 YWCA의 여성운동에 영향을 주었을 것이고, 이것이 어떻게 드러났는지 궁금합니다.

A 사람들이 저보고 왜 여성학을 하세요? 사회복지학 안 해요? 자격증 나와요? 이렇게 물어보기도 해요. 궁금해해요. 성공회대 실천여성학이 뭐예요? 물어봐서 설명하면 사람들은 그것에 대해 별로 관심을 갖지는 않지만 여성학이라는 거는 YWCA에서는 중요하

죠. 여성운동에 대한 부분은 중요한데 Y에서도 다양한 실무자들, 자원봉사자, 이사들도 있고 여러 사람을 만나는데 자기 관심거리는 조금씩 다른 것 같아요.

여기 YWCA 활동이, 개인적인 차원에서 무료해서 올 수도 있고 자기만족으로 올 수도 있고, 또 뭐 우리 아이에게 도움이 될 수도 있고, 아니면 뭐 자기가 지역사회에서 위상이 있고 싶어서 오기도 하고, 아니면 돈이 좀 있는데 돈을 좀 내서 지역에 환원하고자 굉장히 복합적인 게 많았어요. 제가 그렇게 한다고 해서, '그래 그럼 같이 가자' 이런 사람은 없었어요. 그런 사람이 같이 다니면 좋잖아요. 안산에서 누군가 활동할 때, 활동가 중에, 그럼 실천여성학 하는데 여기 갑시다. 이렇게 했는데 같이 가자고 나서는 사람은 없었어요. 여성학을 하자고 할 때는… 아, 아시죠?

제가 실천여성학 논문 쓰고 실천여성학 전공했다고 하니까 희소가치가 있잖아요. 그래서 지역에서 강의 많이 다녔어요. 안산에서 여성학이라는 거 가지고. 저는 하고 나서 되게 만족했어요. 혼자 만족하나봐. (웃음)

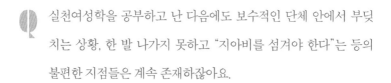

실천여성학을 공부하고 난 다음에도 보수적인 단체 안에서 부딪치는 상황, 한 발 나가지 못하고 "지아비를 섬겨야 한다"는 등의 불편한 지점들은 계속 존재하잖아요.

사실은 YWCA 회장하기 전에 우리 Y에서 어떤 일이 있었어요.

제가 선배들의 구태의연함을 혁신하자고 했어요. 그래서인지 저의 스타일이나 이런 것들을 선배들이 좋아하지는 않아요. 우리 실무자들은 되게 좋게 봤죠. 여성학이라는 게 해도 아까 말한 대로 자격증이 나오는 것도 아니고 뭐가 없는 거잖아요. 그런 부분에서 자기만족인 건데 여성학이 자꾸 없어지는 상황이었어요. 기존에 있던 것도 다 없어졌어요. 이대도 사실은 학부에서 없어졌고요. 폐강되고 폐지됐었어요. 그래서 더 실천여성학이 필요하고 귀중하다고 해서 그 교수님들 특히 남자 교수님들에게 이거를 존치해야 하고 학과를 만들어야 하고 대학원 해야 한다고 계속 목소리를 냈어요. 왜냐하면 아시다시피 지금 융복합이라고 기존에 있는 학과를 통폐합하잖아요.

그때 여성학도 계속 없어지는 분위기였어요. 그런데 우리 실천여성학 한 다음에 서울대에서 그걸 무슨 과정이라고 하나 여성학 과정이 있어요. 그거 우리 실천여성학 즈음에 만들어졌어요. 대학원 과정으로 참 좋은 영향을 준 거라 생각하죠. 그러면서 유한킴벌리 여성재단이 계속 그런 부분에 지원한 거에 대해 저는 감사하다고 생각하고요. 그다음에 여성연합, 여성운동연합에서 이 과정을 지속하도록 노력을 많이 해주신 거죠.

그거는 다 여성운동연합이 여성조직 참여나 여성의제에 선두적으로 갔기 때문이에요. 저희 맴버들은 저만 Y활동가지 여성연합, 여성운동연합의 멤버들, 여성민우회, 여성의 전화 이런 분들이 되게 많이 왔죠. 그분들이 장학금을 받을 수 있는 기회가 있으니까요. 예를 들면 여성노동자회 이런 분들이 많이 왔고, Y는 되게 의외라고 했어요. 보수단체, 기독교운동, 섬기는. (웃음)

Q YWCA의 여성운동은 다양한 영역을 포함하고, 이미 그 안에서 변화를 만들었는데 이를 훌쩍 넘어서는 정치를 해야겠다고 결심한 계기가 있으셨어요?

A YWCA에서 생활정치학교 하면서 그 활동이 계속 넓어지고, 왠지 YWCA하니까 내 것을 찾은 것 같았어요. 훌륭한 분들이 너무 많은 거예요. 이런 분들은 항상 봉사하고, 사무국장하면서 난 괜찮다고 해요. 양보와 겸손 그건 다 가지고 있어. 그런데 또 너무너무 봉사는 잘해. 왜 그럴까? 그러다가 여성 정치 참여로 간 거예요.
아, 한국 사회 여성들이 정치참여를 안 하는구나. 2002년에 여성들도 우리 안산에 정치참여 해야 한다. 그때 시의원 한 명도 없었거든요. 그때 우리끼리 회의하면서 우리 안산에 정말 훌륭한 여성 정치인으로 후보가 누가 좋을까 찾는 거예요. 출마해보자 하면서요. 서울 동부여성민우회인가? 거긴 여성시의원들을 출마시키면서 그분들 모셔다가 얘기 들어보고 경험을 나누고 그랬어요. "뭐, 우리도 할 수 있겠다. 너 해봐? 해봐요" 하다가 "남편이 반대해서 안한다" "앞에 나가서 절대 못한다" 이런 이유로 다들 못한다고 했어요. 저도 2002년에 권유를 받았어요. 정말 못하겠더라고요. 자신이 너무 없어 가지고. "또 그런 말 하면 단체 안 나온다"고 거절했어요.

Q 한국 사회에서 여성들의 정치참여가 부족하고, 안산에 여성 정치인이 필요하다는 것에는 동의했지만, 2002년에는 출마권유를 거절하신 거네요?

A 2006년, 4년이 지났을 때 또 나가라고 권유를 받았어요.
그때는 여성시의원 한 명인가가 있었어요. 그때는 생각을 했는데 문제는 여성이 여성을 안 뽑는다. 이렇게 하고 들어가면 어떻게 하지? 그런 생각도 들었고, 여성시의원을 보면 그렇게 행복해 보이지 않았어요. 힘들어 보였어요. 그분이 집 안 생활도 해야 하고, 의정활동도 해야 하고, 지역의 여러 시민사회랑 연결도 해야 하는데 그걸 다 못하더라고요. 그리고 제일 중요한 건 저를 신뢰하고 저를 지지하는 시민사회 활동의 선생님들이 하지 말라는 거예요. 사람 망가진다고.

Q 2002년, 2006년에 두 번 거절하고, 2010년 제5회 지방선거에 정치 출마를 결심하셨는데 어떤 이유로 출마를 결심하게 되셨나요?

A 그렇게 하다가 길어졌는데 어쨌든 2010년이 됐잖아요.
세 번째 권유를 받는데 그때 노무현 대통령이 돌아가셨어. 노무현 대통령이 돌아가신 게 저에게 계기가 되었어요. 물론 노무현 대통령을 좋아하거나 이런 건 아니었어요. 문제는 한 나라의 대통령이 저렇게 자살을 한다는 게 너무 비극이었어요. 왜 그럴까? 그

분 책도 사고 돌아가신 추모제도 우리 안산에서 했어요.

제가 YWCA 회장이라서 지역의 대표로 가서 보니 너무 슬프더라고요.

가슴 안에 슬픈 게 맺혀 가지고 매일 정치에 대해서 분석하고, 의 정지킴이 활동하다 보면 어떤 의원은 발언을 제대로 못한 적도 있어요. 그런데 실제로 내가 하면 얼마나 할 수 있을까? 이런 것들을 내가 생각하게 되더라고요. 그래서 "해야겠다. 다른 생각하지 말고 나도 한번 해보자" 결심했죠.

그렇게 결정해서 2010년에 당선돼서 들어왔어요.

Q 지역 여성단체활동이 토대가 되어 제도 정치인으로서 경력을 시작하셨어요. 다른 정치인과 비교해 자신의 장점은 무엇이라고 생각하시나요?

A 전 기본적으로 위에서 말한 활동이 기초가 돼서 시의회에 들어왔고 제도를 만들기 위해 이곳에 왔기 때문에 그분들에게 하나의 다리 역할이라고 생각해요. 제가 조례를 많이 만들었어요.

조례를 만들기 위해 단체활동가들하고 연구모임 1년을 해요.

조례가 금방 만들어지는 건 아니에요. 오랫동안 연구하는데 저는 그걸 혼자 하는 게 아니라 공무원들과 시민단체활동가들과 함께 연구하면서 해요. 그걸 거버넌스라 그러는데 협치할 수 있도록 다리 역할을 제가 하죠.

활동가와 공무원 그리고 제가 중심이 돼서 하고요.

Q 거버넌스의 리더십을 조례를 만드는 과정을 통해서 구체적으로 실현하신 거죠?

A 제가 이런 리더십을 갖게 된 건 시민사회 활동에서 배운 경험이라고 생각해요. 경험은 저를 앞서간 사람들에 대한 활동의 축적이고, 그 사람들이 비례의원, 또는 여성할당제를 제도화하는 역할을 했기 때문에 제가 올 수 있었던 거고요. 그런 연장선에 저도 방점을 맞춰 일을 해야 하는 거고, 다른 측면에서는 부수적이다 이런 생각을 가지고 있으려고 한 것 같아요. 활동에서 감정싸움이나 경쟁은 부수적인 거거든요. 저희가 중심이 되면 지역에 필요한 일을 기획하고 제도화하는, 실제로 하는 일에 우리 단체활동가들하고 소통하면서 계속 서로가 자극받고 노력하는 거죠.

Q 여성학과 현장 활동 경험들이 민관 거버넌스 구축에 있어서 어떻게 연결되나요?

A 그쵸. 많이 배우고 예를 들어 통일운동, 여성운동, 환경운동 이런 것만 해도 에너지 운동 이런 게 많거든요. 제가 그런 거를 우리 활동가들과 하면 정말 풍부한 현장의 경험을 통한 법의 제도화다. 저는 실천여성학이 특히 좋은 게 현장의 목소리를 담고 있는 여성

들의 여성학 이론을 만들었다고 생각을 해요. 그것이 가장 큰 실천여성학의 장점이고 필요성이기 때문에 현장 목소리를 좀 많이 이론화시키는데 역할을 해주셨으면 좋겠습니다.

현장의 그러한 경험과 현장의 어떤 그 느낌이 제일 필요하다고 생각해요. 지역인데요. 지역 중에서도 이 현장을 발로 뛰었던 사람들의 경험치, 활동가들이 주민들과 소통하고 이럴 수 있잖아요.

Q 거버넌스가 이론만으로 되는 건 아니지요?

A 그렇죠. 그것이 기본이 돼서 법이 되는 거잖아요.

그런데 변호사라든가 교수라든가 이런 사람들은 이론이나 서적을 통한 그런 걸 통한 제도화니까 한편으로는 좀 알맹이가 빠진 느낌을 많이 받아서 현장 활동가를 많이 만나려고 해요. 시민사회라 그러는 게 아니라 주민과 소통하는 방법의 하나로 하는 거죠.

Q 시와 시민단체와 시의원의 관계가 같은 힘을 가져야 한다고 생각하시는 거죠?

A 그렇죠. 항상 긴장감을 늦추지 않고 내가 제대로 갈 길을 가고 있는지, 이런 것들을 계속 보고 또 공부하는 게 굉장히 중요한 것 같아요.

사실 여성주의관점이 기존의 틀을 깨기 위한 거잖아요. 그 여성주의가 대체 뭘까? 제가 모르는 부분을 공부하고 배우고 그다음에 사실은 다양한 주민들을 만나면 그런 것들을 통해 많이 알게 되는 것도 있고요.

약자들의 목소리… 요즘 발달장애인들의 부모들을 자주 만나요. 아이가 정신적 발달이 안 되는 그런 어머님들을 만나면 되게 내공이 깊다. 사회의 인식이 바뀌기를 바라는 절실함이 느껴져요. 그분들이 끊임없이 제도와 싸워서 획득해가는 과정이 있잖아요. 그사람들의 목소리를 들어 주지 않잖아요. 그런데 연대해서 혼자는 안 되니까 같이 모이고 또 모여서 작은 소모임 속에서 헤쳐 나가면서 하고, 그게 안 될 땐 끊임없이 자기들을 드러내기 위한 방법을 찾아요. 정말 피눈물이 나는 그런 모습을 보면서 그분들의 발걸음 하나하나가 존경스러워요. 그런 것들을 가지고 저도 배운다고 생각해요.

Q 여성학과 페미니즘을 공부하고 끊임없이 성찰을 해나가는 것이 쉽지 않지요. 지난 13년 동안 이러한 태도와 관점을 유지할 수 있는 힘은 어디에서 나왔나요?

A 그건 연대의 힘이라고 생각해요.
사실 제가 여기 들어 왔을 때 우리 안산에 여성희망연대가 있었어요. 여성 시의원을 만들자 그전에 여성 시의원이 셋인가 있긴 했는데 그때 2010년에 제가 하겠다고 했지만 의지만 있다고 해서 되는 게 아니잖아요.

여성희망연대는 여성단체들이 모인 연대예요. 거기서 같이 한번 해보자 해서 도와주고 저에 대한 지지 서명도 해주고 그랬던 그 힘이 지금까지 있다고 생각해요.

그래서 굉장히 동등한 파트너로, 예를 들면 그렇다고 그분들이 물론 조례를 만들거나 예산 편성에 대해서 의회가 해야 할 것들을 요구하지만 개인적으로 저한테 뭐를 해라 마라 이런 거는 없고, 제가 선택하는 거죠. 동등한 파트너십으로 가기 때문에 그게 가능했다고 생각해요.

지금도 굉장히 평등한 관계 속에서 서로의 역할을 존중해가는 그 게 되기 때문에, 안산이라는 지역사회가 그게 가능했기 때문에 저도 가능했다 생각해요. 그런데 잘 안 되는 건… 후배를 양성해야 하잖아요. 후배 양성이 저도 너무 바쁘고 단체도 너무 바빠서 단체 안에서는 활동가들이 후배를 만들겠지만 저 같은 경우는 저 이후의 누가 할 수 있을까 제가 그런 거를 만들어가야 하는데 부족하다고 생각해요.

Q 저는 시의원은 권위를 가지고 있을 것이고, 한편으로는 현장과 단절되어 있을 거라는 생각을 했는데 여전히 현장에 계시다는 생각이 들어요.

A 실천여성학은 현장감과 이론을 겸비해야 하는 거고요.

제가 실천여성학을 졸업하고 나서 우리 사회가 굉장히 바뀌고 있잖아요. 강남역 사건, 미투 사건 등.

제가 그때 YWCA 활동할 때는 가정폭력, 성폭력 이런 개념 정도로 흘러갔어요. 가정폭력상담소가 많냐 성폭력상담소가 많냐 그런 정도의 개념이었어요.

지금은 한국 사회에 젠더이슈가 드러나고, 작년에 성공회대에서 나의 페미니즘 이야기를 했고, 그전에 레디컬 페미니즘이 굉장한 쟁점이었어요. 급진주의(웃음) 발언이나 욕구가 엄청났는데 언론에서 관심사였어요. (워마드)

그런데 저는 이해하지 못하는 건 아니에요. 저 방식은 지속적이지 못하다 그런 말을 할 수가 없어요. 페미니즘의 활동이나 이런 것들이 우리 한국 사회에서 어찌됐든 다양하게 만들어져야 한다고 생각해요. 하지만 지속 가능한 여성주의 관점이라는 게 같이 함께 만들고 해야 할 결을 가치 있게 만들어야 하는 거잖아요.

결들이 켜켜이 쌓여서 가야 하는 건데 그러지 못한 한국 사회의 보수성이 크고 그래서 '워마드' 같은 흐름에 극렬한 안티 세력이 있는 거예요. (결집한 만큼 반대도) 엄청나고.

안희정 사건같은 정치 지도자들의 미투 사건을 볼 때 너무너무 한국 사회가 아직 멀었다는 생각이 들어요. 서지현 검사 너무 충격적이고요. 저렇게 보면 딱 그 사람들만 그런가. 그렇지 않아요.

여기 의회도 마찬가지예요. 보이지 않는 곳에 너무 많아요. 특히 권력이 있는 정치 집단에서 항상 성 추문, 성폭행, 미투가 드러나지 않기 때문이죠. 그런 것들이 저는 여성들이 당당해지고 자기 몫을 내는 것들이 좀 더 자연스러워질 때 가능한데 한국 사회에서 는 여성들이 그런 부분에 자기 재단이 너무 강해요. 그러려면 한 국 사회에서 여성학이 더 보편적으로 퍼져야죠.

Q 정치인의 영향력에 대해 생각해보게 됩니다. 여성정책에 있어서 명확한 전문성이 느껴져요.

A 여성정책, 여성 분야에 대해서 적극적으로 목소리를 내고, 공무원 사회에서는 여성정책 관련해서는 저한테 물어봐요. "그 전문성 있는 사람 누구야?" 이렇게요.

안산시 상임위가 있어요. 초반에는 여성가족과가 있는 상임위에 서 문화 복지를 했거든요. 거기에 오래 있었어요. 왜냐하면 거기 서 여성복지 정책을 만들어야 하고, 우리 안산시가 성인지 통계를 2년마다 내요. 그다음에 성인지와 관련한 중장기 분기 그걸 만들 려고 그 상임위에 있었어요.

그러니까 사람들이 성인지 예산 그러면 나정숙, 여성정책 나정숙 생각했고, 그런데 문제는 그게 아니에요. (웃음)

"저래 또 저래, 한다고 해" 무슨 발언을 하면 "또 시작이야" 이렇 게… 그럼에도 불구하고 하잖아요.

성인지 예산 중앙에서 법을 만들었으니까 우리 지역에서 해야 해. 성별 영향 평가해주고 나는 성인지 예산 관련해서 공무원들한테 얘기해주고 서로 했는데 그렇게 해서 4~5년 지나도 바뀌는 건 다시 제자리. 또 공무원 자리 바꿔.

그래 가지고 3선 되면서 도시환경위원회로 왔어요.

도시환경위원회는 보시다시피 하수, 건설도로, 도시재생, 도시계획이에요. 여기 와서 안에 보이지 않는 도시계획이 있어서 여성친화적인 것 도로 할 때도 여성, 아이들 배려했고. 행감할 때 성인지 예산책 가지고 오신 과장님 손들어보세요. 하면 한 명 손들어, 다음에 안 갖고 오시면 예산 전부 삭감. (큰 웃음)

문제는 그만큼 변하냐, 변하지는 않고 지역사회가 예전보다는 나아졌지만 여성친화도시라고 말하면서 그렇다고 해서 다 녹여 나갈 생각은 안 하는 거잖아요. 이런 것들을 도시환경에 와서 도시계획상의 여성문제, 여성제도, 도로, 도시기반에 여성친화적인 것들을 접목하려고 나름대로 노력하고 있어요.

Q 여성정책을 만들어내기 위하여 적극적으로 활동하시는 모습이 인상적입니다. 안산은 지역구가 넓고, 그만큼 다양한 사람들을 만나시잖아요. 예상치 못한 상황도 생기죠.

A 감사합니다. 지역사회가 예전보다 나아졌다고 하지만 여전히 돌발적인 상황은 있어요.

언젠가는 주민 만나는데 제가 지역구가 넓어서….

대부도, 섬이었는데 지금은 섬이 아닌 거긴 안양의 세 배예요. 넓어요. 섬인데 거기를 가려면 한 시간 넘게 걸려요. 지역구인데 농촌, 어촌 마을이어서 나이 드신 어르신들 육십 넘고 "야, 넌 입술도 안 바르냐? 립스틱도 안 바르고 와?" 성희롱 같은··· "조금 가꾸면서 다녀" 그래요. "그런 말 하시면 잡혀갑니다"라고 말씀드리죠. 그걸 또 너무 진지하게 받아들이면 안 되잖아요. 이렇게 해도 예뻐하시는 주민들 많아요.

"저는 일로만 보여줄 거예요" 이런 대처를 해요. 예전에는 상처 많이 받았는데 요즘에는 그렇게 하고 조금씩 바뀌기도 하고 그런 말 하면 좋지 않다는 것도 알고 (언론에서 빵빵 터지고) 미투라던가 안희정 사건 이런 것들이 많은 영향을 미치고 있다고 생각해요. 용기 있는 여성들이 같이 함께해야죠.

Q 여성 정치인들이 더 많아져야 하는데 여성이 여성을 안 뽑는 거에 대해서 고민이죠. 어떤 정치인, 어떤 여성 정치인을 뽑아야 하는지 잘 드러나지 않는데 선배님 같은 여성 정치인들이 더 많이 의회에 진출해야 한다는 생각이 들어요.

A 사실 뭔가 열심히 할 때 함께 할 수 있는 사람들이 마음 맞게 같이 해야 재밌고 신나잖아요. 의회는 그게 많지 않아서 안타까워요. 시간이 갈수록 점점 많아지면 좋잖아요. 시간이 가도 많아지지 않고. 의원들이 그것의 중요함을 알지 못하고 미투 사건이 하나씩 터지고. 지역에서 우리 여성학에 대한 인식이 조금 더 보편화되어

야 한다고 봐요. 지금 성평등 교육도 하고, 성인지 교육도 하지만 공무원들의 형식적인 면 그다음에 사인하고 가버리고 재미있나 없나 보고 형식적으로 교육하고 있어요.

중앙에서 문재인 정부 들어서면서 많은 법이나 이런 것들이 변화하고 있기는 해요. 그것이 지역에까지 영향을 미치지 않고 있죠.

우리 한국 사회에서 소설가, 작가, 영화인, 예술가들의 역할이 중요하다고 봐요.

일반적으로 정치인 저 같은 풀뿌리 정치하는 사람들이 어떤 인식을 가지느냐가 중요하죠.

안산 YWCA는?

Young
젊은 공동체: 열린 사고와 뜨거운 열정으로 비전을 품고 나감

Women
여성운동체: 여성의 능력을 계발하여 사회참여와 지위 향상에 앞장섬

Christian
기독 운동체: 그리스도의 사랑을 실천하며 사회 정의와 평화를 이룸

Association
회원 운동체: 회원이 스스로 참여하여 건강한 공동체 세상을 이룸

*성평등한 지역사회를 위하여 여성의 사회참여 및 지도력을 계발하고 여성의 경제자립을 지원하며 여성인권향상과 성평등 문화조성, 결혼이민여성인권향상과 생활정착을 지원하고 있다.

*환경운동으로 땅과 생명을 살리는 지역사회, 환경과 기후 관련 운동, 생활 속의 실천으로 아나바다를 운영하고 있다.

*청소년 활동으로 어린이와 청소년을 살리는 교육환경 마련에 중점을 두어 청소년 문화활동 지원, 지역의 소외 아동 및 청소년 지원, 청소년의 자기주도성 향상을 지원하고 있다.

홈페이지 주소 http://www.ansanywca.or.kr/

페미니스트
길라잡이

Interviewer
박은영

어린 시절 어려움 속에서도 웃음을 잃지 않는 이야기를 그린 동화 〈만년 샤쓰〉를 읽고 방정환 같은 작가를 꿈꾸었다. K-장녀 중 하나로서 세상은 동화처럼 녹록치 않음을 깨달으며 성장했다. 차별 없는 세상을 만들기 위해 인천여성민우회에서 활동하는 한편 사람들의 마음을 어루만지는 상담가 및 성평등 강사로 살아가고 있다. 세상에 드러내는 방식은 저마다 다르지만 모두가 살기 좋은 세상을 만들고자 페미니즘에 관심을 갖고 연구하고 있다. 그 노력의 하나로 석사학위 논문 〈인천지역 성평등 강사의 페미니즘 인식 연구〉(2021)를 썼다.

극장 안은 깜깜하고 사회적 거리두기의 일환으로 좌석제를 운영하고 있어서 관객들은 뜨문뜨문 앉아 있었다.

계절 독감처럼 한차례의 유행으로 지나갈 것이라고 생각했던 코로나19는 6개월이 지나도록 사회를 잠식하고 있다. 이제 마스크 없는 외출을 생각할 수 없으며, 친분이 있는 누군가와 차 한잔을 놓고 마음을 나누는 것조차 조심스럽다. 평범한 일상이 이토록 그리워지다니.

오프라인 행사는 대부분 연기, 취소, 규모가 축소되는 실정이었다. 이러한 상황에 철저한 방역을 조건으로 조심스럽게 개최되는 영화제가 있어 반가운 마음에 틈을 내어 참석하였다. 미리 예매를 한 덕분에 스크린과 가장 가까운 1열의 중간 자리를 차지하는 행운을 얻었다. 평소 같으면 꺼려지는 영화관의 1열이 이 날만은 그 의미가 다르게 느껴졌다. 인천여성영화제5 〈코로나 시대 n번방 시대, 페미니스트 길 찾기〉 특강 첫 번째로 권김현영의 '다시는, 그리고' 강연이 있기 때문이다. 어두운 조명의 극장 안에서 강연에 참여하는 가장 적극적인 자리로 생각되었다. 나는 길 찾기에 전혀 소질이 없는 사람으로 길라잡이와 가까운 위치는 안도감을 주기도 했다. 한 자리를 건너 강연자로 예상되는 사람의 움직임이 눈에 띄었다.

두리번거리다가 눈이 마주쳐 서로를 응시하며 눈인사를 건넸다. 마스크를 착용했고, 조도는 낮았지만 눈빛에서 느껴지는 강렬함이 벌써부터 페미니스트 길 찾기의 길라잡이로서의 기운이 전해졌다. 들뜬 마음으로 강연이 시작되기를 기다렸다.

　강연 시작 5분 전, 길라잡이는 1미터쯤 떨어진 강연 자리로 이동하여 마이크를 잡았다. '와우 시작이구나!'

　"안녕하세요. 조선희입니다. 강연자를 소개하기 위하여 이 자리에 나왔습니다."

　순간 번쩍하고 섬광이 나의 뇌리를 스쳐갔다.

첫 만남, 배려와 연대를 느끼다

　아침부터 분주한 날이었다. 오전 내내 중학교에서 축제 부스를 운영하며 수십 명의 학생들을 만나고 활동을 하였다. 점심을 먹는 둥 마는 둥 인천시의회로 발걸음을 재촉해야 했다.

　예정보다 앞당겨진 약속시간을 지키기 위해 서둘렀지만 급한 마음만큼 빠르게 움직일 수가 없었다. 조선희 의원과는 문자와 메일, 전화로 통화를 한 적은 있지만 실제로 만나는 것은 처음이라 혹시라도 시간을 지키지 못하는 실수를 하지 않기 위하여 상황에 대한 몇 줄의 양해 메시지를 보냈다.

　정의당 비례대표 조선희 의원, 인천시의회의 의원실에서 첫 만남을 가졌다. 인터뷰를 위한 사전조사 과정에서 짐작했던 모습과는 사뭇 다르게 편안한 차림에 환한 미소가 첫 느낌이었다. 스트라이프 셔츠의 진한 줄무늬가 경쾌하게 느껴지기까지 했다. '정치'라고 하면 다소 딱딱하고 어렵게 생각되었기에 정치인 조선희는 분명히 어렵고 딱딱한 사람일 거라고 예상한 짐작은 어긋났다.

미리 준비한 커피를 권하며, 오늘의 일정을 앞당기게 된 이유와 인터뷰 이후의 스케줄에 대하여 동행을 제안했다. 인터뷰어가 '인천'이라는 같은 지역에 살고 있고, '실천여성학'이라는 공유 지점을 가지고 있기에 오후에 이어질 사단법인 인권희망 강강술래의 후원 행사에 대해 말한 것이었다. 대부분의 비영리단체가 재정을 만들기 위한 방안으로 사업을 하는데 이번에는 공방에서 만든 물품과 간단한 음식 등을 판매하는 행사였다. 일 년 동안의 재정 확보를 위하여 많은 사람의 참여가 절실했다.

그녀와 나는 공통분모를 가지고 있지만 현실적으로 상당한 거리가 있을 것이라는 생각과 달리 만나는 사람에 대하여 인식의 저변을 확대해주고자 하는 배려와 말에 상대를 끌어당기는 강한 힘이 느껴졌다. 인천여성회 활동을 오랫동안 하면서 몸에 밴 '여성'에 대한 연대가 일상에서 뿜어져 나오고 있는 것으로 비추어졌다.

조직문화를 바꾸기 위한 일상의 노력

조선희 의원이 본격적으로 정치를 하게 된 이유는 주변인에 대한 인식과 배려가 상당 부분 작용했음이 드러난다. 정치세력화에 관한 회원들의 정치혐오를 해결하는 방법이 무엇인지 고민하는 과정 중에, 일차적인 방법으로 '내가 아는 언니'가 정치인이 된다면 정치에 대한 생각이 달라질 수 있다는 것이다. 이것이 일상의 변화와 관심으로 이어진다면 여성의 정치세력화는 어렵지 않은 것이다. 이후의 정치인 조선희가 여전한 관계로 내가 아는 언니로 남는다면 정치혐오는 사라진다. 이것은 가장 간단하고 어려운 방법으로 나를 통해 변화를 이끌어내는 꾸밈없는 방식이다.

조선희의 거침없는 직진은 권위적인 조직문화를 바꾸기 위한 일상의 노력으로 이어져 시의회 안에서도 발휘되고 있었다. 여느 의원들과 달리 조선희 의원의 방 문에는 '조직문화스트레칭'이라는 여성민우회가 만든 포스터가 붙어 있었고, 실내는 페미니즘 활동과 관련된 포스터가 전부였다. 본인을 드러내는 커다란 사진과 그 흔한 수식어도 찾아볼 수 없었다. 조직 내에서 문화를 바꾸기 위한 노력은 일상에서 보여주는 작은 행동에도 나타나고 있었다. 의전은 권위적인 수직 문화의 일부분이기에 그 형식에 대하여 의문을 제기하고 다른 시도를 하면서 위계에 균열을 내는 방식이었다.

❖

태어나서 죽을 때까지 우리의 삶은 착취당하지 않아야 하지만
마음과 몸 모두 굶주린다.
우리에게 빵을 달라, 장미를 달라.

...

여성이 봉기한다는 것은 인류가 봉기한다는 것

더는 틀에 박힌 고된 노동과 게으름

한 명의 안락을 위한 열 명의 혹사는 없다.

삶의 영광을 함께 누리자, 빵과 장미, 빵과 장미

- 제임스 오펜하임의 1911년 作 "빵과 장미 Bread and Roses" 중에서

3·8 세계여성의 날 장미꽃 60송이를 들고, 지하에 청소하는 분들부터 한 층 한 층 올라가서 근무하는 분들에게 장미꽃을 한 송이씩 주었다는 에피소드는 행동하는 사람으로서의 면모가 확실히 드러난다. 인천시 여성정책과에 전한 3·8 세계여성의 날에 대한 안내, 시의회와 교육청, 여성가족재단의 업무협약, 여성단체의 간담회 등 삶과 정치의제를 통합하여 메시지를 보내는 방식은 일찍이 작정했던 정치세력화의 연속선이었다.

암울한 시대에 여성이슈를 논하고 같이 페미니즘을 말할 장소가 없었다는 조선희는 2016년도에 성공회대학교 실천여성학 전공에 입학하면서 그 탈출구를 찾게 되었다. 여성회 활동을 하면서 공부를 하는 힘든 과정 중에도 사람들을 만나는 것에서 의미를 찾고 힘을 얻었다고 했다. 조선희 의원이 중요하게 생각하는 것이 무엇인지 단박에 드러나는 부분이다. 인천여성회라는 현장에 기반을 둔 활동가로서 실천여성학이 학문적으로 일상을 바라보는 것도 중요하지만, 현장에 있는 사람들을 연대하고 여성들의 임파워먼트에 대

한 고민을 하는 이론과 현장을 잇는 앎과 삶의 학문 공동체가 되기를 희망하고 있었다. 지식이 특정한 사람들이 영유하는 개념이 아니라 현장의 활동가들과 조우하여 그들의 말이 되고 경험을 드러내는 실천으로서의 가치를 기대하는 것이다.

필자가 만난 조선희 의원은 일반적으로 우리가 상상하고 있는 제도 정치인과는 결이 다른 사람이라고 느껴졌다. 걸어온 길을 보면 그 사람에 대해 알 수 있다고 했듯이 정치인 조선희는 말한 것은 꼭 실천하는 사람이고, 그 힘은 주변인들에게 전해지고 있다. 그 발걸음은 '여성'의 오랜 바람처럼 젠더생활정치가 정치 영역에서 여성의 대표성을 높이고, 경제적으로 여성의 분배 문제, 문화적으로 일상에서의 성 평등 인식으로 이어지기를 기대한다. 이는 사회를 재구성하는 것을 가능케 함으로써 우리 안의 정치에 대한 혐오를 걷어낼 수 있는 희망으로 전해진다.

인터뷰 이후 우연히 다시 만난, 강연자를 소개하고 자리로 돌아온 조선희는 여느 때처럼 환한 눈빛을 하고 있었다. 그날은 예상대로 길라잡이의 근처에 있어서 길을 잃지 않은 하루였다. 하마터면 어두운 극장 안에서 다른 곳을 바라보았을지도 모를 시선을 모아준 눈 마주침에 감사함을 전한다.

나는 때때로 신문에서 그녀의 소식을 접하고는 반가운 마음에 주

변 사람들과 링크를 공유한다. 내가 살아가고 있는 지역에서 성인
지 감수성을 가지고 있는 시의원이 정책을 만들고 있다는 것은 변
화를 꿈꾸는 희망이 된다.

변화를 위해 행동하는 여성 정치인

정치인 조선희

2010 ~ 2014	인천여성회 사무처장 / 회장(전)
2014	인천교육희망네트워크 운영위원장 / 공동대표(전)
2017	13회 인천여성영화제 조직위원장(전)
2018	광역의회의원 인천시의회 의원(정의당 비례)
2021	인천 남구 교육혁신지구 상임운영위원(현)
2021	인천 남구 여성친화도시 조성협의체 위원(현)
2021	정의당 인천시당 여성위원장(현)

Q 여성주의적 활동을 하게 된 결정적인 계기가 있으셨어요?

A 2004년도에 반미여성회 활동할 때 그냥 운동권 여성단체가 아니라 여성주의적인 여성단체를 어떻게 해야 할지 고민하다가 정희진 선생님하고 같이 세미나를 했어요. 한 10회인가? 이 정도로. 그게 아마 여성주의적 활동을 하게 됐던 결정적 계기였죠.

Q 인천여성회 활동을 하기 전에 반미여성회 활동부터 시작하신 거죠?

A 서울에서 학생운동을 하던 사람들과 여성학, 여성정치학교를 하면서 2000년에 전국적인 조직으로 반미여성회를 발족했어요. 2004년 반미여성회 사무처장, 2005년부터 반미여성회 서울지역 본부장을 했던 거죠. 2000년도 반미 사안이 있을 때 반미여성회 상징으로 진달래가 그려진 깃발이 집회, 현장에 가면 인상적이었어요.

Q 인천으로 내려오신 게 그즈음인가요?

A 아니요. 그때 반미여성회를 2009년도에 해산을 했어요. 반미여성회보다는 다른 형태 활동을 하는 게 좋겠다. 반미여성회 서울 쪽 본부장을 하다가 집이 서울이 아니었기 때문에 '인천에 내려가서 다른 활동을 하는 게 맞겠다' 이런 생각이 들었어요.

인천시민문화센터에 사람들이 모여서 지역운동을 목표로 하는데 주부, 부부 회원들이 많았어요. 뭘 하다보면 남자들은 대표하는 회의를 하고, 여자들은 실무 준비를 하고 뒷풀이 정리를 하는 것이 왜 대표는 늘 남자고, 사무국장은 여자야? 여자는 왜 항상 직급이 낮지? 하는 의문과 함께 반미여성회 운동을 하고 그때 같이 세미나를 한 그룹 중에 인천여성회 활동가 그룹이 있었어요.

Q 인천여성회에 대하여 더 구체적으로 말씀해주실 수 있으세요?

A 지역운동. 지역성이 상당히 강해요.

인천여성회라는 곳은 크게 인천여성회 아래로 구 단위로 모임을 결성하고 회원들은 구 단위로 활동을 하기 때문에 확산되는 데 좀 더 한계가 있었죠. 여성 페미니즘적 사고라든가. 어떻게 구 활동과 이게 연계되어질 수 있지? 이런 부분들에 대해선 여전히 지금 답을 찾아가고 있는 과정이에요. 간극은 멀어지고 (여전히 현재도 있고) 앞으로도 있을 거예요.

Q 여성운동에서의 지역과 운동성, 활동까지 어떻게 하면 그사이의 간극을 줄일 수 있을까요?

A 지금 어쨌든 회원들하고 계속 같이 토론하면서 만들어갈 수밖에 없을 텐데, 제가 느끼는 또 하나의 문제점 중에 하나는 우리가 제도 권력이라고 하는 것에 대해서 되게 신뢰하지 않아요. (웃음) 이 간극은 또 어떻게 줄이지? 참여 없이 바꿀 수 없는데 참여하기가 싫은 거죠. 솔직하게 표현하면.

Q 지금 인천의 여성운동 지형은 어떤가요?

A 지금은…. 페미액션이라고, 20~30대 페미니즘 그룹이 생겼거든요. 연대해서 활동하고 음…, 서로 연대하면서 이런 부분들이 많아진 것 같아요.

Q 2016년도에 성공회대학교 NGO대학원 실천여성학 전공과정에 입학하셨어요. 전공에 대해서 어떤 기대가 있었나요?

A 한편으로는 시대가 되게 암울했잖아요.
어떤 것도 여성이슈를 말하기가 애매한 막, 다른 문제들이 너무나 처참했기 때문에 여러 가지 문제들 때문에 도대체 페미니즘에 대해서 말할 곳이 없는 거예요. 강남역 10번 출구 사건도 있었지만 서울에서는 여러 가지 시위들이 만들어지는데, 대구나 부산 같은 경우도 만들어지는데, 인천은 그게 안 되는 거예요. 그냥 서울로 가면 되니까 그런 이유도 있었다고 해요. 지역활동이나 이런 것을 같이 하다 보니까 지역에서 이렇게 있다가는 여성회인데 자체적으로 세미나를 하고 이런 것은 있었지만 여성, 여성이슈를 적극적으로 이야기할 수 있는 그룹, 그런 것들이 저한테는 절실하게 필요했어요.

페미니즘 탈출구. 이런 게 필요해서.

Q 말씀하신 내용 중에 인천의 활동이 안 되는 이유로 서울과 가까워서 서울로 가면 된다는 말씀을 하셨어요. 인천의 표현이 드러나지 않는 이유를 위치성이라고 보면 될까요?

A 인천은 옛날부터 운동이 좀 셌잖아요.

선후배 질서 이런 것도 무시할 수 없는 것 같고 한국사의 주류 운동이라고 했던 것들이 있다 보니까 그 관계가 선후배에 걸쳐 있고 그런 차원들도 있는 것 같아요. 한편으로 객관적으로는 새로운 세대들이 많아져야 유입이 더 많이 되어 활성화될 수 있을 텐데 너무 좁고 이런 것도 있지 않을까? 인천에서 여성단체활동들을 쭉 찾아보면 여기서 후배들하고 같이 뭔가를 도모하기보다 중앙으로 가서 책무를 맡아야 하는 분들이 많으셨더라고요.

Q 인천에서 중앙으로 가서 책무를 맡아야 한다는 말씀은 그만큼 인천에 능력이 좋고 경력을 쌓은 분들이 많다는 이야기인가요?

A 능력도 있으셨겠지만, 한편으로는 전국 여성노조 위원장을 하는데 광주 사람이 올라와서 하는 것보다 인천에서 가는 것이 조직 운영상 편하잖아요. 그래서 여성의 전화를 하면 여연 올라가고 전국 여성노조를 하면 전국여성노조 위원장 가고 이런 식의 역량 있는 활동가들이 인천에서 하는 것들이 아니라 중앙을 떠받쳐야 되는 그런 것도 원인이지 않았을까요?

Q 여성단체에서는 활동가들 개개인이 담당해야 할 직무들이 많지요?

A 일 되게 많아요. 우리가 어떤 활동비가 있는 데가 아니거든요. 그렇다 보니까 예를 들면 웹자보를 하나 만들려고 해도 역량이 있어야 해요. 거기서 오는 문제들인 거죠. 면대면, 각자 PPT로 하든 뭘 하든 웹자보 같은 거는 잘 하시는 언니가 하고, 수공업적 방식으로 활동을 하다 보니까 그 방식으로 밖에 활동을 할 수 없는 이런 여건이라서요.

Q 이제 좀 이해가 됐어요. 참여의 문제가 아니라 근본적으로 인력에 비하여 턱없이 많은 업무량과 빈약한 자본의 문제들이 총체적으

로 결합한 거죠.

A 인천여성회 하면서 여전히 가장 어려운 건 재정문제거든요.

Q 부족한 재정은 어떻게 마련하나요?

A 지금도 재정은 여전히 부족하죠.

회원들이 회비 내고 시 공모사업 같은 거 하고, 예를 들면 제가 여기서 월급을 받으면 예전에는 못 냈지만 그중에 얼마를 훨씬 더 포함을 하고 이런 방식이나 재정사업 하던가. 우리가 유명한 여성들이 있는 게 아니라 교내에 있는 평범한 사람들이 언니들이 좋아서 이렇게 온 거기 때문에 몇 년 동안 재정사업을 하면서 되게 슬 펐거든요. 내 주머니 털어서 하는 느낌. 순전히 인건비 남는 거잖아. (웃음)

Q 지금도 보면 재정과 활동은 관련이 있고, 재정적인 독립이라는 것이 활동의 제한이 되기도 하잖아요. 온전한 재정의 독립이 가능할까요? 이런 부분이 고민의 지점이죠?

A 저는 사실 가능하지 않다고 생각해요. 그게 어떻게 가능해요? 여성들은 자기 주머니 자체가 별로 없는데….

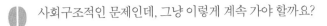

사회구조적인 문제인데, 그냥 이렇게 계속 가야 할까요?

그래서 계속 도민들이 됐든, 마을 만들기 되게 좋게 포장하잖아요. 학부모 학교 참여도 적극적으로 권장하잖아요. 이런 사람들이 시 여성정책과로 오면 어떤 여성인지 아세요? 전부 다 경력단절 여성들이에요. 왜 아무도 이 불편한 진실은 얘기하지 않죠? 내가 처음에 여기 들어와서 그런 말을 했거든요. 사실이에요. 경력단절 여성. 시가 하는 경력단절 여성에 이 사람들 가요? 안 가요. 왜냐하면 그동안은 내가 사회적으로 덧씌워진 애를 키우는 일을 하다가 여기를 가는 건 애가 어느 정도 자랐을 때, 그치 나는 경력단절 여성이지 하니까 여기 가서 교육을 받는데 이게 시장으로 연결되면 그렇지 않다는 거죠. 이게 구조적으로 여성의 입장에서 만들어내는 정책과 제도가 아니다 보니까 이런 일이 생긴 건데 이걸 좀 바꿔보려고 그래서 여성정치세력화가 필요해, 라고 해서 들어오긴 하는데 소수가 들어오고 나 버티기도 힘들다니까요.

여성의 입장에서 정책과 제도를 만들기 위하여 여성정치세력화가 꼭 필요한 것은 분명한데, 실상은 녹록치 않죠.

여성정치세력화를 위해서 저는 두 명은 필요할 것 같아요. 지금도 세 분이 계시기는 한데, 여튼 여성단체들이 계속해서 뭔가를 같이 하는 과정도 필요하고요.

Q 의회 관련해서 어떻게 활동하고 있는지 궁금합니다. 선거 치르고 정의당 비례로 당선되어 활동을 한 지 1년 넘어 2년 정도 되어가고 있는데, 의회 활동은 어떠신지? 여성 정치인에게 필요한 리더십에 관해서 말씀해주실 수 있으세요?

A 왜 정치인에게 필요한 리더십이 아니고 여성 정치인이라 했을까, 이 의문이 들었고요. 여성 정치인에게 필요한 리더십은 버틸 수 있는 힘? 그리고 지원 네트워크.

Q 젠더 구별을 안 하려고 해도 정치 안에서 여성의 비율이 너무나 적잖아요.

A 정치는 상당히 성별화가 된 거라서 버틸 수 있는 힘은 사실 지역 네트워크 없이는 버틸 수 없거든요. 그래서 여성연대가 반드시 필요하고 여성정치인들이 필요한 리더십은 연대성?

Q 지역에서 인천 여성회 활동하신 게 큰 도움이 되죠?

A 네. 그게 있으니까 인천시 교육청에 성 인식 개선팀을 만들 수 있었고, 스쿨미투 이후에 성평등정책 등 고질적인 성차별을 해소하기 위한 관점을 계속 끌고갈 수가 있는 거죠. 혼자라면 못하죠. 여성연대가 있으니까 이런 일들을 같이해서 파트너로써 할 수 있

죠. 버틸 수 있는 힘은 순간순간 필요하거든요. 사실 그나마 민주당 위원님들이시고 워낙에 스쿨미투나 미투가 있었기 때문에 "그런 말 하시면 안 돼요"라고 말할 수 있지만 이게 금방 바뀌지 않거든요. 그런 부분에 있어서 버틸 수 있는 내공이 있어야 되는 거죠. 모든 여성이 나 같은 것도 아니고.

제 방문에 이런 것들이 붙어 있어요. 이게 하나의 효과예요. 방문 앞에도 '조직문화스트레칭'이라는 여성민우회가 만든 포스터가 붙어 있고, 의회 안에 홍보물을 만들어서 부착하자 제안했거든요. 일부러 보게 하는 거죠. 다른 의원님들 방에는 주로 지역 활동사진 같은 것들이 붙어 있죠.

Q 2016년은 그 어느 때보다 다양한 활동을 하셨어요. 바쁜 일정 중에 예기치 않은 문제들이 생기기도 하죠?

A 제가 공부를 안 하다가 공부를 하게 돼서 저 원래 책 읽기를 되게 좋아하는데 책을 읽는 거랑 조금 다르더라고요. 그런 부분들 학문적 글쓰기라는 것, 성명서, 주장 글 그런 것은 쓰겠는데 학문적 글쓰기라는 새로운 목표를 체득해야 하는 거, 이런 부분들이 조금 어려웠고 나머지 뭐 예를 들어 가족이나 돌봄 이런 것은 문제 하나도 없었어요.

Q 가족 또는 돌봄에 하나도 문제가 없었다는 것은 가족 내에서 적극

적인 지원이 있었다는 뜻인가요?

A 네, 예를 들면 제가 그래도 주말에는 청소를 하거나 이랬었는데 공부할 시간이 없다고 해서 주말에 청소 같은 거 하고 그랬어요. 원래도 집안일 잘 안 했지만 그다음부터는 더 안 했죠. (웃음) 아이도 그때 고등학생이었기 때문에 자기도 자기 공부하고, 저도 자기 공부하고, 그냥 집이 공부하는 분위기. 그러면서 각자 할 건 또 하고 걔는 게임도 했어요.

Q 가족과의 관계에서 부딪힘은 없었지만 학문적 글쓰기는 많은 시간 집중을 해야하고 경제적인 여유도 필요하잖아요.

A 아마 장학제도 없었으면 시도도 못했을 거에요. 여성재단 장학금은 2학기를 받고, 나머지 등록금은 후원을 받아서 냈어요. 우리 부부가 둘 다 지역 활동가거든요. 오랫동안 후학양성을 해오던 재단 분이 계신데, 둘이 지역사회를 위해 애쓴다고 남편에게 다시 대학에 가라고 하고 저에게는 장학금을 주셨어요. 덕분에 등록금 걱정 없이 학교에 다녔어요. 그렇지 않았으면 다니기 힘들었을 거예요.

Q 안팎에서 물심양면으로 지원이 있어도, 시간은 누구에게나 정해져 있잖아요. 부족한 시간 관리는 어떻게 하셨어요?

A 원래는 수요일이 수업이었거든요.

수요일 하루만 ~~빼~~면 된다고 생각했는데 아니더라고요. 낮 시간 잡혀 있는 회의 일정 같은 것들은 완전히 조종할 수 없으니까. 예전에도 혼자 밤에 일하는 스타일이었는데 그 스타일대로 또 일하고 그랬어요.

Q 낮에는 여성회 활동을 하고, 밤에는 공부를 하면서 하루를 꽉 채워서 보내셨는데요. 건강은 어떠세요? 지금 뵙기에는 건강해 보이세요.

A 그때가 더 건강했던 것 같아요. 지금은 스트레스를 많이 받아서…. (웃음) 그때는 활동하면서 좋은 사람들도 만나고 좋은 기운을 줬던 것 같아요. 몸은 힘들어도 이제 나한테 양분이 되고 이런 게 느껴지는데 지금 이 일은 사실 내가 좋은 사람들만 만나는 게 아니잖아요. 가면을 자주 써야 하잖아요. 가면을 써야 하는 게 훨씬 힘들죠.

Q 여성학을 공부하고 학위 논문을 쓰셨어요. 그것이 활동에 어떤 도움이 되었을까요?

A 여성정치세력화에 대한 사명이 있었고, 논문을 안 썼더라면 저는 출마를 결심하지 않았을 거예요.

젠더 생활 정치 개념으로 살펴본 지역 여성운동 확장 전략이거든요. 생활 정치는 있지만 생활정치를 되게 작게 보잖아요. 구 의원 정도 나가는 거? 사실은 생활정치가 국한된 개념이 아니라고 구분하는 거 민주당은 이번에 딱 그 수준으로 공천했다고 보거든요. 구의원은 여성이 있지만 시의원은 여성을 공천하지 않았거든요. 내가 버틸 수 있는 힘이라면 어떤 거냐면 공천 부분에 대해서 드러냈더니 유권자들이 선택한 것이라기에 말은 똑바로 하자고 했어요. 당이 공천을 안 해서 유권자들한테 선택할 기회를 박탈한 거지 유권자들이 선택했다니요. 그렇게 말을 해요. 저는 전혀 그렇게 생각하지 않아요. (내부공천의 불만을 모르는 거죠) 자기들은 억울하다는 거죠. 우리끼리 분기탱천하고 있잖아요. 검찰이 하는 말이, 말이 되나요? 국회에서 이뤄지는 것들은 또 말이 되나요? 저한테 조언해주시는 분들이 저는 공무원한테 큰소리를 치지 않는데 그러면 공무원들이 말을 듣지 않는다고 해요.

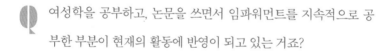

여성학을 공부하고, 논문을 쓰면서 임파워먼트를 지속적으로 공부한 부분이 현재의 활동에 반영이 되고 있는 거죠?

워낙에 여성은 전부 비례로 들어왔기 때문에 다른 정치를 경험하게 해보고 싶은 게 있어요.

제가 정의당이니까, 사람들이 정의당 의원은 뭐가 다를까 색다르게 생각하거든요. 평소에도 권위적인 조직관계를 탈피하려고 시

도하고 직원들에게 모두 님 자를 붙이거든요. 나 혼자 실천하는
거예요.

예를 들어 뭔가를 질의했을 때 보고를 못 받았다면 기존 방식대로
"지금 보고 체계가 어떻게 된 거예요?"라고 책임추궁을 하기보다
는 "이 문제에 대해 토론하고 싶었는데 준비가 안 됐다면 패스하
겠습니다." 하고 그냥 넘어가요. 그렇게 한 것 자체가 그분한테는
이미 긴장감을 줬다고 생각해요. 나는 그 자리에서 간부 공무원들
이 죄송합니다, 말해도 소용이 없고 그 자리에서 혼내지 않아도
소용이 없기도 하다는 생각이 들어요.

Q 그런 관계 속에서 조직원들은 또 어떻게 변화할지 경험하고 싶다
는 생각이 들었어요. 지금 말씀해주신 일들이 우리들이 원하고 또
하고 싶은 것들이잖아요. 그게 의회 안에서 일어나고 있죠?

A 그러니까 어렵죠.

어디 가면 우리 여성회 회원들이 "언니 괜찮아?" "여기서 욕해도
돼" (하하하) 여성회 사람들은 알죠. 내가 얼마나 답답할지 그걸
아니까 저는 이게 '맞다'라고 생각하거든요. 사실 여기 있으면서
여기 오래 있으면 안 되겠다는 생각을 많이 하는 게 여기 오래 있
으면 나도 모르게 내가 변해갈 수도 있겠다, 아 이거 위험하다. (느
끼신 거죠? 의원활동을 하시면서)

조국 사태 보면서 사실은 우리 여성한테는 유리천장이 있었는데

그들한테는 유리 바닥이 있었다는 생각이 들었어요. 유리 바닥, 나한테 그 유리 바닥이 생기겠다 그게 나를 잃어버리는 느낌이 들어서 그 방식은 아닌 거 같아서 그 고민을 제일 많이 해요.

Q 여성정치세력화에 대한 논문을 썼고, 실제로 인천시의회로 진출을 해서 정치의 변화를 주도하고 있으신데 정치는 어떤가요?

A 저는 개인을 위해서라면 이 세계에 들어오지 않는 것이 좋다고 생각해요. 솔직하게 얘기하면. (웃음)

Q 정치에서 어떤 일들이 가장 힘드셨나요?

A 저는 2004년부터 한 15년 동안 거의 여성들하고만 있었거든요. 인천여성회 했었지. 여성들하고만 있었는데 여성들. 여성들과 사고 감수성 인권감수성 젠더감수성 이런 부분에 대해 많이 이야기했죠. 여기는, 여성단체는 또 서열이나 위계가 심한 데가 아니잖아요. 이런 데는 위계질서가 잡혀 있는 곳이니까 내가 여기에 저항, 저항이라기보다 이걸 어떻게 바꾸겠어, 혼자. 문제제기도 안 할 수 없고 생각날 때마다 했다가는 좀 심난해질 거고 그러니 사실은 일상이 힘든 거고 서열화되어 있는 문화들이 맞지 않는 거죠. 그런 말 많이 하잖아요. 정치인들은 악수해야 한다고. 그 문화 자체가 바뀌어야 한다고 보거든요. 악수는 나이 많은 사람이나 서

열이 높은 사람이 아랫사람한테 하는 행위지. 예를 들어, 나보다 어린 사람이 나에게 악수 청하지 않는다는 말이에요. 우리 사회와 문화에서는 그래요. 저는 이런 문화가 바뀌어야 한다고 생각하는데 잘 바뀌지 않더라고요.

Q 악수가 서열에 대한 상징성을 가지고 있다면 대안적으로 어떤 인사가 좋을까요?

A 악수하기 싫은데 하다가 그런데 꼭 이렇게 인사해야 돼? 이렇게 인사하면 안 돼요? 반가운 사람 보면 막 이렇게 인사해요. (손을 들어 흔들며) 가끔 직원들이 놀라요. 어머, 이렇게 인사하세요. 반갑잖아요. 단순한 예지만 그런 거 자체가 되게 남성 문화라는 거죠. 악수하는 것이.

Q 여성의 세력화를 위해서는 여성이 정치를 해야 하는데 현실은 매우 어렵고 제한적이라는 생각도 들어요. 앞으로 정치를 계속하실 건가요?

A 저는 이 일을 하는 누군가는 필요하다고 생각해요. 논문을 쓰다가 왜 출마를 결심했냐면 회원들 인터뷰를 했어요. 젠더생활정치가 정치에서 여성의 대표성을 높이는 것, 경제적으로 여성의 분배 문제, 문화적으로 성평등 인식으로 사회를 재구성하는 것, 이 세 가

지 관점을 종합한 게 젠더생활정치다, 라는 낸시 프레이저의 정의를 가지고 내가 정리하고 이걸 지역으로 봤을 때 이러이러한 부분들을 해결해야 한다고 봐요.

첫 번째 정치세력화의 과제부터 회원들하고 인터뷰를 해봤거든요. 그랬더니 우린 되게 결과적으로 정치혐오가 여전히 있는 거예요. 회원들 사이에 이 정치혐오를 해결하는 방법이 뭐지? 라는 것 중에 제가 일차적으로 삼았던 거는 내가 아는 언니가 정치인이 되는 것. 정치가 먼 나라 이야기가 아니고 가까운 곳에서 일상의 변화를 이끌어내고, 정치인이 여전히 내가 아는 언니라는 것을 현실적으로 체감하는 거죠. 그래서 출마를 해야겠다는 결심을 했던 거였어요. 논문 안 썼으면 나도 그곳에 들어가기 싫으니까, 다 필요한데 자기는 아니야. 나는 그걸 하기 싫어. 그래서 그게 비겁한 거야. 이러면서.

Q 수평적인 문화를 제도권 안에서 실천하고 있고 실천하려고 하는 분이시잖아요. 쭉 하셨으면 좋겠다는 생각이 들어요.

A 변할 거 같다니까요. 현재의 정치 구도 안에서 문화 비판을 하거나 변화를 시도하는 자체가 기존과 다른 행보인 거예요.

Q 변할 것 같다는 말씀은 내외부의 어떤 측면인지? 유혹이 있으신가요?

A 흔들리는 게 아니라 이 질서에 살아남으려면 내가 더 이거에 있어서 감성적으로 흔들리지 않든가 멘탈이 강하든가 그래야 할 텐데 그걸 2년 후에 판단하기로 했어요. 버틸 수 있을지 말지.

Q 항상 응원하고 지지하겠습니다. 요즘이 페미니즘의 수난 시대라고 봐요. 특히 여성에 대한 혐오들이 많은데요. 이 시대에 더 필요한 이론과 지식이 어떤 것이 좋을까 생각해본 적이 있으세요?

A 저는 페미니즘의 역사성 그런 부분들을 많이 알았으면 좋겠고, 나도 그중에 한 점이라는 거, 이어가고 있는 페미니즘의 역사성이라는 부분들에 대해서 인식하기를 바랍니다.

Q 그것을 알기만 하면 될까요? 아는 것을 실천하려면 힘이 필요한데 실천여성학의 힘은 무엇일까요?

A 어쨌든 실천여성학을 전공하신 분들이 계시잖아요.
그분들 네트워킹을 통해서 유한킴벌리가 같이 연계를 해주면 실천여성학은 졸업자들이 그런 연결의 주체, 지역연결의 주체로서 결합하는 거고, 이런 방식으로 한번 만들어보면 좋겠다는 생각이 들어요. 하고 싶은 건 많은데 예산이 따라오지 못하면서 어려운 부분들이 있고 이걸 누군가 기획해야 하거든요.
이 기획하는 사람에 대한 인건비나 생활이 보장돼야지 만들 수 있기 때문에 그런 것들을 되도록 하는 방안? 저도 유한킴벌리가 한 이대 여성리더십 과정을 예전에 들었어요. 인천에서 수업 들으러 서울로 가긴 가는데 지역으로 이 과정이 들어온다면 훨씬 확산될 방안이 많은데 서울로 가면 일단 추려져서 30명이 할 거 5명이 하든가 그렇거든요. 이런 과정들이 지역으로 내려왔으면 좋겠어요. 그렇게 여성연대가 만들어지면 구나 마을 만들기로 들어가서 몰 젠더성 부분들을 조금 해소해갈 수 있겠죠.

Q 여성연대 거점의 역할을 실천여성학이 해주면 좋겠다는 거죠?

A 실천여성학이 사람들을 학문적으로 깊게 양성하는 것도 목표가 될 수 있겠지만, 다시 현장으로 돌아가는 부분에 있어서 '어떻게 현장에 있는 사람들을 네트워킹해서 여성을 임파워링 할 것인가', 이런 것도 고민하면 좋겠다는 생각이 듭니다.

Q 여성정책은 어떤 것들이 있고 그 정책과 관련해서 바꾸고자 하는 것은 무엇이고, 어떤 노력을 하고 있는지 궁금합니다.

A 일단은 인천시교육청 같은 경우에는 성인식 개선팀을 만든 것. 스쿨미투 이후에 스쿨미투 전담부서가 만들어진 거예요. 여성단체랑 작전을 짜서 했어요. 성차별적인 부분들 없애기 위한 활동들을 하고 있고 교육위원회, 여성폭력방지조례 준비하고 있어요.

실태조사나 이런 부분들 넣는 것, 스쿨미투 조례를 준비하고 있어요.

Q 스쿨미투 조례로 들어가나요?

A 스쿨미투라기보다는 성차별성폭력 근절을 위한 조례, 인천교육청 학교조례. 그런 거 준비하고 있는 거고, 성인지 예산 내실 있게 만들기. 성인지 예산이 너무 기가 막혀 가지고요. 일단 인력이 배치됐으니까. 작년에는 예산도 못 올렸어요. 본예산을 올릴 때 조직 개편안을 올렸는데 거기에는 성인식 개선팀이 없었거든요. 본예산 편성 안 된 상태에서 다른 예산을 끌어다가 진행을 했는데 올해는 사람을 더 늘리는 것을 확인하고 보려고 해요.

Q 제도가 만들어지기는 어렵지만 인천교육청에서 성인식개선팀을 만들고, 조례를 만드는 것들이 보여지기 위한 것이 아니라 확실한 변화라고 볼 수 있을까요?

A 변화가 있죠. 정희진 선생님이 원래 교육청에 오셔서 강의하시려고 섭외되었다가 몸이 아프셔서 진행이 안됐어요. 정희진 샘은 여성회가 이번에 시네광장 하는데 장소가 교육청과 시청이에요. 일부러 장소를 바꿨어요. 상징성이 좋지요.
의회 들어와서 변한 것은 3·8 세계여성의 날에 장미꽃을 60송이를 들고 위의 모든 방을 돌아다녔어요. 여성 직원들한테 전부 다 꽃을 드렸어요. 교육감님한테는 "3·8 세계 여성의 날이니까 빵과 장미 좀 돌리세요" 하고요. 정말 기분 좋더라고요. 장미꽃 60송이를 들고 다니니까. 지하에 청소하는 분들부터 한 층 한 층 올라와서 근무하는 분들에게 한 송이씩 주고. 올해는 내가 하고 내년에는 의장님한테 하시라고 했거든요. 여성정책과에도 주고 작은 메모에 3·8세계여성의 날에 대한 안내도 적었어요. 시의회랑 교육청이랑 시랑 여성가족재단이랑 정책 협약하게 하는 거 이런 부분들을 하는 거고, 3·8세계 여성의 날 여성단체랑 간담회를 하기도 하고 이런 부분들은 조금씩 변했죠.

Ⓠ 우리에게 '빵과 장미를 달라'고 외쳤던 100년 전에도 여성은 생존권과 참정권을 요구했는데… 장미(참정권) 한 송이로 사회가 변할까요?

Ⓐ 변하지 않죠. 그렇게 쉽게 변하면 문제가 있겠어요. 그래도 뭐 기우제, 성공할 때까지… 비 올 때까지 계속해야죠.

인천여성회

인천여성회는 2009년말, 2010년 6기 정기총회를 준비하며 인천여성회 간부 활동가들과 회원들이 수차례의 집단토론을 거쳐 함께 만든 "배움, 소통의 성평등공동체로 일터에서 삶터에서 차이가 차별이 되지 않는 세상을 위해 행/동/한.다" 라는 사명선언이 있고 도라지꽃을 로고 이미지로 사용하고 있다.

인천여성회 로고의 도라지꽃은 흔히 여성을 꽃에 비유하지만 사람들 눈에 띄지 않는 곳에서 숨어 피며 스스로 뿌리를 키우는 꽃이라는 의미이자 상징이다.

인천여성회는 여성주의 문화를 만들고 성장할 수 있는 강좌와 캠프, 교육활동을 하며 여성주의로 인천을 가꾸기 위한 성인지 예산 분석 연구 및 정책 제안 활동을 하고 있다. 매해 인천여성영화제를 열고 있으며 여성들의 동아리 활동을 지원하고 인천지역 단체와의 연대사업도 꾸리고 있는 인천에 특화된 단단한 여성단체이다.

홈페이지 주소 http://icwa.kr

여성이 여성에게
임파워먼트를 말하다

초판 1쇄 인쇄 2021년 3월 15일
초판 1쇄 발행 2021년 3월 22일

엮음   성공회대 실천여성학
지음   김영선 정회진 강영화 김세연 이주영 이기원 박은영

펴낸이   유숙열
편집   조박선영
교정   유지서
디자인   박영정
마케팅   김영란
진행   최은경
출력   교보P&B

펴낸 곳 이프북스 ifbooks
등록   2017년 4월 25일 제2018-000108
주소   서울 은평구 연서로71 살림이5층
전화   02.387.3432   이메일 ifbooks@naver.com
페이스북 페이지 https://www.facebook.com/books.if
인스타그램 https://www.instagram.com/if_book_s/
홈페이지   http://www.onlineif.com

ISBN 979-11-90390-08-8 (13330)